稻盛和夫的实学
活用人才

[日] 稻盛和夫 著
喻海翔 译

人民东方出版传媒
東方出版社

序言

日本经济在二战结束之后，实现了堪称奇迹的复活，到现在已经发展成为位居世界第二的经济大国。而我认为，支撑这个奇迹并使之得以实现的，应该是活跃在日本各地的中小企业。然而现状却是，这些企业的经营者们无不在慨叹："由于我们公司缺少优秀人才，因此在发展上举步维艰！"

实际上，就算是中小型企业，也并非没有人才。对于这些企业而言，尽管人才有限，但是只要能够充分发挥企业成员的力量，将他们紧密地团结在一起，同样也可以推动企业实现不可限量的发展。实际上，像本田和索尼这样的大企业，最初也是从缺少人才的中小型企业开始起步，发展壮大至今的。从这种意义上来看，是否能够争取到企业员工的认同，实现自身组织的活性化，这两点才显示了企业领导者的真正价值，并且是决定企业发展的关键。

正是基于这种考虑，我才在受到"想要学习经营者理念"的年轻经营者的热切恳求后，于 1983 年，以志愿者的形式开办了名为“盛和塾”的经营研讨培训学校。在这个想要独自谋生尚且不易的世界里，那些还要尽自身所能，为自己企业的员工及其家人的生活提供保障的企业经营者们值得敬佩，我的想法就是，要为这些企业经营者自身的成长作出尽可能的贡献。

从那时起，在之后25年的时间里，通过认真踏实的不懈努力，现在盛和塾的学员总数已经超过了4 500人，各类分塾在日本国内有52家，在美国、中国、巴西等国家也建立了6家分塾。

在盛和塾的课堂上，我在讲授作为企业经营基础的经营哲学的同时，也会进行被称作“经营问答”的具体经营指导。这种指导就是让学生坦率直接地陈述自己在实际经营活动中遇到的迫切的问题，然后再由我基于自身的经营哲学和经验，倾注全身心的力量予以解答。

我后来得到出版建议，考虑到这些问答的内容不仅会对盛和塾的学员，还会对那些在企业的经营活动中遭遇到问题的其他经营者们有所助益，因此于2005年3月，以《实学·经营问答——如何创造高收益企业》为题，抽取其中一些问答结集成册，由日本经济新闻社出版发行（这本书于2007年11月，由日经商业人文库改名为《稻盛和夫的经营塾——Q&A如何创造高收益企业》出版发行）。

本书则是作为上一本书的续篇，以《活用人才》为题，从盛和塾课堂上的众多问答中选取任何组织的领导者都会遇到的、与培养人才和组织活性化相关的内容结集构成。

书中的解答都源自我自身在创办和经营京瓷与 KDDI 的过程当中，对那些曾经让我陷入烦恼的、与如何激发员工和组织活力有关的问题所做的思考和认识。如果那些正在为自己的组织缺少有能力的干才，或者为组织活性化遇到梗阻而感到困扰的经营者和组织领导人，在读了我的这本书后能够有所收获，那么我将感到荣幸之至。

借本书出版之机，我要向为本书的编辑付出了辛勤工作的日本经济新闻出版社的资深编辑西林启二先生表示衷心的感谢。并且向在盛和塾的课堂上参与了经营问答的诸位学员，以及长年以来，一直为盛和塾的活动提供支持的盛和塾事务局的福井诚顾问、诸桥贤二事务局长，还有京瓷上席执行董事兼秘书室室长大田嘉仁、秘书室经营研究部的木谷重幸、桥浦佳代表示谢意。

在这个混沌的时代，我希望不单是企业，任何其他组织都能够不断涌现出可以为自身组织注入活力、有利于组织实现活性化的领导者。正是出于这种愿望，本书才得以付梓出版。我诚挚地期待这本书能够对那些希望成为一名优秀领导者的人士发挥作用、提供帮助。

稻盛和夫

2008 年 6 月

目录

第一章　如何打造充满活力的企业文化　001

在看不见的地方创造竞争力　/003

优秀的企业文化是中小企业获得发展的重要根基。这是因为与大企业相比，中小企业在资金、设备、人才等看得见的资源方面都处于明显的弱势。因此中小企业要想在激烈的竞争中取胜，就绝对不能一心只注意这些要素，还必须在大企业几乎不太注意的地方，也就是企业文化上下足功夫，取得不凡的成果，从而为企业赢得足够的竞争力。因此，我认为企业的领导者在进行企业的经营活动时，应该将最大的关注点放到如何确立企业的使命和目标、创造优秀的企业文化上，力争与企业员工在思想和认识上取得一致。

经营问答一：

如何解决组织的僵硬化　/007

经营问答二：

是否存在能够得到所有人认可的考核方式　/019

经营问答三:

如何改善企业文化,推动企业发展 /031

经营问答四:

如何摆脱企业的委靡状态,提高员工凝聚力 / 042

第二章 如何激发员工的积极性 053

描绘梦想,点亮心灵 /055

为了激发企业员工的工作积极性，一般做法是当企业经营取得成绩时，就给予企业员工以工资和奖金方面的奖励。虽然这种方法简单易行，但是企业的经营并非永远都会一帆风顺，一旦经济出现低迷，企业运营发生梗阻，企业员工的工资和奖金必然会随之减少，那么员工的干劲也会立刻陷入低迷状态。因此作为企业的经营者，非常重要的一点就是切勿以金钱作为蛊惑人心的诱饵，而是努力激发员工发自内心的工作激情。

只有树立了崇高目标，并为之克服了各种各样的困难，人们才能真正感受到工作的喜悦和意义。所以企业领导者被赋予的一项重要职责就是要面对未来，描绘远大梦想，明示工作的意义，点亮员工的心灵。

经营问答五:

如何让从事低层次工作的员工也能够充满自豪感 / 060

经营问答六：

在企业刚刚摆脱赤字困扰之时,员工情绪突然爆发,
我们应该如何应对 /069

经营问答七：

如何让那些难以认同企业经营理念的员工产生
凝聚力 /078

经营问答八：

为了强化公司的营销实力,究竟应该重视团队协作,
还是注重发挥员工的个人特性 /086

第三章 如何培养干部 101

培养共同经营者 /103

为了能够在企业中培养出与我具有相同理念的人才，我创造出了名为“阿米巴经营”的企业经营模式。所谓阿米巴经营，就是将整个企业划分成名为阿米巴的小规模集体，并允许这些集体通过独立的核算制度进行营运。这些小集体负责人的任用，我都是挑选那些即便经验并不丰富，但却认真踏实、具有培养前途的企业员工。任命他们为阿米巴集体的负责人，并配属一定人数的下属。在此基础上，我会告诉他们：“从今天起你就正式成为这个阿米巴的负责人。你要像这个阿米巴集体的总裁一样，担负起

获取订单、督促生产、进行成本收益核算、管理人事等所有方面的职责，使你的这个组织能够得以维系和发展。”

经营问答九：

当企业获得进一步发展时，经营者应该如何处理好与资深员工的关系　/ 106

经营问答十：

如何培养能力有所欠缺的干部　/ 118

经营问答十一：

如何提高员工参与企业经营的意愿　/ 127

经营问答十二：

如何培养具有责任感的干部　/136

第四章　如何提升自我　153

成为一名广受尊敬的领导者　/155

那些当公司发展良好时就会心生傲慢的经营者，以及那些一旦职位获得提升就会变得骄横无礼的领导者，都只会与自己手下的员工离心离德。而那些能够控制住自己内心对地位、名誉和金钱的欲望，为了集体的利益保持谦逊心态，拥有“无私”胸怀的领导者则必然能够赢得下属的尊敬，得到他们的真心拥戴和追随。事实上，推动人们不断向前的原动力，就正源自于领导者无私公正的品性。

经营问答十三：

如何确立作为领导者的价值判断基准 / 159

经营问答十四：

企业领导者是否应该身居一线 / 172

经营问答十五：

领导者应该如何让自己的意图在企业员工中得到贯彻和执行 / 178

经营问答十六：

一个在公司里年纪最小的公司总经理应该如何担负起领导职责 / 191

终章 领导者的十项职责 201

一、明确事业的目的和意义，并向部下明示 / 204

二、揭示具体目标，与下属共同制订相应计划 / 205

三、心中要保持强烈的意愿 / 206

四、付出不亚于任何人的努力 / 207

五、具备坚强的意志 / 208

六、杰出的人格 / 209

七、不管遭遇任何困难也绝不放弃 / 210

八、对待下属要有关爱之心 / 210

九、不断激励下属士气 / 211

十、永远保持创造性 / 212

第一章

如何打造充满活力的企业文化

在看不见的地方创造竞争力

● 企业发展的要素

企业的经营者为了能够源源不断地向社会提供优质的产品和服务，并确保企业员工能够积极地投身于本职工作，就必须时刻以企业的成长发展为己任，不断推动事业向前发展。然而在这个过程当中，既有成功获得长足进步的企业，也有走向衰败、最终彻底销声匿迹的企业。那么这两者之间差异的根源究竟又在何处呢？

正如被世人归纳为人、财、物三点一样，一般人都把人才、产品、设备、资金等看得见的资源看作是决定企业发展的重要因素。然而我却认为，代表一个企业经营目标的经营理念，以及企业所秉持的经营哲学等看不见的因素，与看得见的资源一样，对于企业的繁荣和维系都是不可或缺的重要存在。

一家企业即使财力雄厚，拥有大量的优秀人才，但是如果不能树立明确的经营理念和哲学、无法提高企业员工的凝聚力，那么它终将难以维持有效运转。

● 企业文化的重要性

在进行企业的经营管理活动时，企业的领导者必须首先明确企业存在的目的，以及与企业目的相匹配的理念，然后再将它们展示给企业员工，赢得他们的认同。而企业领导者所展示的经营理念和经营哲学能否最终取得企业员工的认同，关键则在于，这些经营理念和经营哲学是否会引起员工发自内心的共鸣。如果企业的经营理念和经营哲学能够在立足于大义名分的同时，将企业的自身目标设定为追求企业员工的幸福、为社会的发展作出应有贡献，那么就自然能够引导员工任劳任怨地积极投入到各项工作之中。

并且，为了使企业的经营理念和经营哲学切实得到企业员工的认同，最重要的一点就是，企业领导者自身的言行绝不可以与这些理念产生抵触。在现实中，之所以会有众多企业在标榜崇高理念的同时，却又陷入利益至上主义的歧途，接二连三地发生各种丑闻，其根本原因就在于，这些企业领导者的言行与其理念之间发生了背离。

一家企业的经营理念和经营哲学催生出了这家企业的氛围与文化。如果企业员工能够基于其所在企业的杰出理念开展工作，那么不管是对于企业，还是对于员工自己的人生，都将是一件幸事，并且这样一种企业文化的树立也必定意味着，企业在整体上将会实现飞跃性的提升。

● 企业员工的主动性和积极性才是企业发展的原动力

作为企业经营者进行研修培训的课堂，我在盛和塾主要宣讲的主题有两个：一是经营者的正确心态，另一个则是经营哲学的重要性。

在参加研修的众多人士当中，有许多经营者在认真地学习我的经营哲学、建立自己的哲学观并以此要求自己的同时，也在努力谋求手下员工对于自身哲学观的认同。在这样的实践活动当中，有不少参加了盛和塾学习的企业经营者，成功地将本来只有几个百分点的企业利润提高到了十多个百分点以上。

优秀的企业文化是中小企业获得发展的重要根基。这是因为与大企业相比，中小企业在资金、设备、人才等看得见的资源方面都处于明显的弱势。因此中小企业要想在激烈的竞争中取胜，就绝对不能一心只注意这些要素，还必须在大企业几乎不太注意的地方，也就是企业文化上下足功夫，从而为企业赢得足够的竞争力。因此，我认为企业的领导者在进行企业的经营活动时，应该将最大的关注点放到如何确立企业的使命和目标、创造优秀的企业文化上，力争与企业员工在思想和认识上取得一致。

企业文化只要能够立足于杰出的经营理念，就必然能够得到企业员工发自心底的认同，从而主动采取行动，积极推动企业的发展。而这种企业员工的主动性和积极性才是企业最宝贵的财富和发展的源泉，并且也只有那些能够不断激发员工主动性和积极性的企业，才能跨越不同时代，永远保持兴旺。

【经营问答一】

如何解决组织的僵硬化

- **问题**

我们是一家地区性的汽车销售公司。作为某知名汽车生产厂商的加盟店，我们在以新车销售为中心的同时，也兼营二手车、汽车用品销售以及汽车维修等业务。公司员工总数包括临时工在内一共有 280 人。

本公司是 40 年前我父亲创办的，现在我父亲是公司总裁，我则作为继承人担任着公司副总裁一职。由于我们公司同时还开办有租车公司和书店，因此作为总裁的父亲在公司的时间并不多，公司实质上的经营活动都是由我来主管。

根据去年三月份的公司上一财政年度决算报告，本公司的销售额是 85 亿日元。与三年前的业绩相比，整体销售额下降了 18%，利润率也大幅下滑，从而导致公司出现了经营赤字。

公司业绩出现恶化的最大肇因在于，新车销售数量的大幅减少。与三年前相比，新车销售的下降幅度达到了 22%。之所以会出现这种状况，主要是由于公司的主打车型，也就是所谓的热门车的市场反应不佳。由于某种主打车型的市场欢迎度的好坏严重影响到了本公司的整体年度利润，这就让我们在经营上无法摆脱对汽车生产厂商的依赖，也使得公司未来的发展充满了不确定因素。

在本公司的销售结构中，新车销售所占的比重高达 70%，这就使得公司在经营结构上决定了新车销售数量的增减会直接影响到公司的整体收益。为了改变这种状况，近年来我们确立了新的经营主线，就是要摆脱新车销售至上主义的桎梏。具体做法就是制定新的公司战略方针，目标是要把在二手车销售和售后服务方面的增收作为提高员工人均生产效率的重要途径。

然而，现实却非常令人失望。两年前从我全面主管公司业务开始，按照公司新的战略方针，我不断制定了各种相应的改进措施。但是，虽然我想尽各种办法，绞尽脑汁制定了各种策略，并努力在公司内部加以推广实施，却几乎没产生任何效果。对此感到焦虑的我在态度上逐渐对手下员工变得越来越严厉，再加上公司已经连续两年出现赤字，这也就更使得公司的整体气氛变得愈加沉闷。本公司目前的这种气氛远不足以让公司上下团结一致，战胜眼前所面临的危机。

我感觉公司会陷入现在这种状况的原因主要有两点：一是我为公司制定的新战略方针并没有彻底贯彻到所有员工的心中，第二则是因为公司长期以来的旧有传统在作怪。

关于第一个问题，我感觉自己在公司里进行各项改革措施，不但没有妥善传达给公司所有员工，甚至遭到了众人的误解。举例来说，我们公司原来对每名客户都会指派营销代表和售后服务代表各一名。然而由于两者之间无法实现有效的协作，从而导致售后服务出现遗漏，使得来我公司接受车检服务的客户数量不断减少。为了解决这个问题，我将这两项服务全部授权给与客户直接打交道的营销代表来负责，也就是说，营销代表在履行销售工作的同时，也必须负责售后和招揽车检服务的业务。这样做的目的主要是为了加深与客户之间的关系，增加来我公司接受售后服务客户的数量。

但是，由于这种变动导致了售后服务代表工作量的减少，从而被那些从事售后服务的员工误解为“公司这么做是为了准备裁减售后服务部门的员工”。而与此同时，营销人员却也发出怨言，认为“我们本来只管推销汽车，结果现在又多出来一些不必要的麻烦事”，他们感觉是被公司占了便宜。

我认为出现这些问题的根源主要在于，我们公司的中高层主管们本身就对应该如何有效实现公司的新战略方针缺乏共识，也没有积极主动地将公司的各项新举措的内容和目的充分传达给自己手下的员工。在这些管理人员当中，既有不认同我制定的各项策略、仍然固执于新车销售至上主义思维的干部，也有只会简单被动地执行上级命令的干部，而这些管理干部又在本公司内部拥有极大的影响力。

有鉴于此，我痛感到必须让管理层达成共识、团结一心。近日，我们公司针对内部各级管理层进行了人事调整，组建了与我具有共识的管理层，以期在公司内部重新贯彻新的战略方针的同时，加强与基层员工的相互沟通交流，努力提高公司的整体凝聚力。

第二个就是公司旧有传统的问题。在我们公司内部，“上级设定好销售数量和销售额的指标，然后派发给下属员工具体执行”的做法根深蒂固，因此员工们也多采取的是消极被动的态度，只求能顺利完成上级指示和安排的工作就万事大吉。换句话说，很少有员工能够对工作充满热情，积极主动地采取行动。

我在进行了反省后认识到，我们公司迄今为止在人才培养上认识不足，没有确立有助于充分发挥员工特长、激发员工积极性的内部培训机制。与此同时，公司的人事制度也缺少透明性。这就导致不少员工难以感受到自身工作的意义，并最终失去了工作的积极性。

此外，与同行业的平均水平相比，我们公司的正式员工，尤其是营销人员的平均年龄偏高。本公司正式员工的平均年龄要比行业平均年龄高出 3.8 岁，营销人员更是要高出 5.2 岁。这种现状主要归结为前面所说的：偏重于工作定额的公司传统使得年轻员工很难安心在本公司一直待下去。由于公司内部高龄化员工数量的增多，造成组织活力整体呈现下降趋势，被动消极、极力回避各种改革，倾向于维持现状的保守员工人数不断增加。

我认为正是这样一种公司氛围导致企业员工丧失了工作积极性，成为公司业绩无法进一步提升的重要根源。

为了彻底改变这种现状，我为公司制定了以下目标：

①成为一家拥有众多充满活力、热心于本职工作、积极向上的优秀员工的公司。

②成为一家重视员工自身发展的公司。在工作中，不再以定额指标为根本，而要创造一种让员工能够主动思考，并积极采取行动的公司文化；成为一家能够让员工在工作中实现自我价值的公司。

为了实现这两个目标，我构思出了两个具体的办法：

①废除“向员工派发工作定额指标”的做法。要求公司员工根据各自部门和岗位召开会议，并以这种会议为契机，让每一名员工都开展自主思考，明确自身应该为实现公司战略方针所尽的职责，从而培养公司员工的主动性。

②在加强公司内部教育体制，从根本上大力提高公司员工工作能力素质的同时，积极开展外部招聘活动，增加公司内部优秀年轻员工的比率，通过降低公司员工的平均年龄来促进公司的组织活力。

在这里，我想请稻盛老师就我制定的各项策略方针的正确性提出建议，并请赐教为了切实可行地实现我所追求的公司文化，企业领导者还应该进行哪些方面的努力。

• 解答　培养能够“为公司振兴而披肝沥胆”的志同道合者

◆造成组织僵硬化的元凶

你父亲创办的汽车销售公司自诞生以来，伴随着汽车制造业的发展，收益不断上升，公司经营一直都保持着稳定增长的势头。

然而在创业四十年之后，公司的组织形态却出现了僵硬化的趋势。你们公司在你父亲创业之初或许还充满了活力，然而，等到现如今公司员工总数已经达到了 280 人、你的父亲也不太过问公司事务时，公司整体却开始呈现出了一种“组织僵硬化和官僚化”的状况。这是你所提及的一个问题。

还有一个问题就是，作为父亲的继承人，你虽然年纪较轻，却必须担负起公司总裁的职责，然而在公司的各级管理层中，有许多干部都是曾经在你父亲手下工作过的资深主管。这种问题在富二代企业经营者当中非常多见。

也就是说，在已经陷入僵硬化和官僚化的公司里，当年轻的第二代继承人开始掌管公司大权后，为了改变这种现状，会立即开始推行新的战略方针，并毫不掩饰地指责各种自己感到不满意的事情和人。但是公司里面那些从新老板的父亲在任时起，就担任各级主管的干部则难以接受新老板的做法，对新的方针政策完全是一种消极冷淡的态度。

也许还有不少其他的企业经营者也遇到过这两类问题。要想解决这些问题，就正如你本人已经意识到的，关键在于“如何让公司经营者的新战略方针获得员工们的普遍认同”。

◆培养“传教士”

我本人作为京瓷的创建者，也曾经为了如何让企业的战略方针能够在员工中得到切实地贯彻执行而煞费苦心。刚开始时，只要有机会我就会把众人召集到一起，尽一切可能向他们解释我的想法。然而最初只有 28 名员工的京瓷随着自身的发展，企业规模从 100 人到 200 人，再到 500 人，不断扩大。与此同时，身为京瓷总裁的我还必须兼顾生产、研发、营销等各个方面的繁杂事务。

你刚才抱怨道，即便对手下的 280 名员工提出“我想对公司进行改革，希望能够得到大家的配合”的请求，你的意图却难以获得员工们的认同，甚至遭到他们的误解。同时你想在公司内部贯彻执行自身意图的尝试也困难重重，那些被你父亲提拔起来的公司干部，对于你这个接班人并不买账，尤其是那些从小就看着你长大的资深主管们更是会在心中嘀咕，“他初中、高中的学习都很差劲，仅仅因为是公司老板的儿子，这才大学一毕业就当上了公司副总裁”。总之，这些公司干部们从一开始就缺少对你的尊敬和信赖。

作为京瓷的创建者，我本人不管再笨再蠢也是企业的首任老板，然而即便如此，我在贯彻自己意图时也依然感觉到困难重重。更别说作为富二代企业继承人的你，要想说服那些从一开始就轻蔑你的人无疑是难上加难。但是你又不可能有时间亲自去与手下的280名员工一一见面，直接向他们传达你制定的各项方针政策，因此你唯一的选择是首先向公司的干部们进行解释说明，然后再委托他们向其手下的员工进行传达。

我也曾在公司员工增加到两三百名时为相同的问题而倍感烦恼。当时我心中的想法就是，需要在自己身边培养出能够真心敬服我，并代替我与员工进行沟通的干部。就如在日本江户时代初期的封建社会，那些在长崎冒着生命危险进行传教活动的天主教传教士一样（长崎在日本锁国时代是唯一一个对外开放口岸，来自欧洲的传教士就是从长崎上岸并展开布教活动。江户时代初期，统治日本的幕府将军德川家康针对天主教颁布了禁令，并大举迫害屠杀传教士和信徒。——译者注），我希望这些干部能够拼尽全力在公司员工中传播我的思想理念，否则，当企业成长为一个拥有成千上万名成员的组织时就必然会土崩瓦解。

现在，你也打算“培养能够对自己的思想理念产生共鸣与认同、并能将其在员工中进行传播的干部”。对于组织运营而言，这正是一个不可欠缺的重要条件。

虽然我当时的想法和你完全相同，但是这样的人选却无处可寻，因此我甚至自嘲“我真希望自己是孙悟空”，这样的话，我可以像孙悟空一样，拔撮毛一吹就能变出无数分身。这样我就只需要把自己的思想理念传给这些分身即可。这种自嘲也显示出了，我曾经是何等迫切地希望找到能够传播自己思想理念的人选。

为此我倾尽一切可能来发掘、培养这样的人选，并寻找一切机会向下属发出诉求“希望能有我自己的传教士”。最终，那些从创业时期就同我在一起的员工们在耳朵听出老茧后，终于有人主动做出响应：“如果总裁的愿望真得这么强烈的话，虽然我不一定符合你的这个要求，但是仍然愿意尽一己之力！”这些人后来都被提拔成为京瓷的管理干部。你现在首先需要做的事情就是，花费时间和精力亲自去与你公司的干部们进行沟通交流，直到能够对你的思想理念产生共鸣、并向底下员工们进行传达的“传教士”出现为止。

◆在经过充分劝导后再下命令

接下来你提到“想要改变现在的公司传统”、中止“向员工派发工作定额指标”的做法。也就是说，废除你们公司迄今为止完全是由上级主管向下级员工发出命令，然后下级员工遵照上级命令进行工作的做法；转而要求公司员工根据各自部门和岗位召开会议，并以这种会议为契机，让每一名员工都开展自主思考，明确自身应该为实现公司战略方针所尽的职责，从而培养公司员工的主动性。

之所以你在公司里即便向那些资深主管发出命令也得不到应有的回应，一是因为整个组织已经变得过于官僚化，从而陷入了非常僵硬的状态。二是因为连你自己也相信，只需通过命令就足以让手下依计行事。

你们公司所存问题的根源在于，随着岁月的流逝，公司在组织上逐渐僵硬化，干部日趋官僚化。由于这些因素的影响，你们公司作为一个组织也自然无法有效地实现应有的机能。尽管你试图为每一名员工提供进行独立思考的机会，以促进他们采取自发性的行动。然而，仅靠这些办法是远远不够的，我认为你同时还必须改革僵硬化的组织，排除官僚化的干部。

◆在公司中实行“明治维新”

首先，你必须发挥卓有成效的领导能力，培养能够充分理解公司经营理念的干部人才，并且赢得他们的忠诚。我认为对于这件事情你必须花费心血，务必成功。

为了做到这一点，你或许有必要通过渐进的方式，解除那些无法对于你的理念产生认同的资深干部的职务。当然，这是一个需要与你父亲进行充分商谈的重大问题。同时你又必须让你的父亲充分认识到，由于那些从你父亲的时代就在公司任职的资深干部们对待公司新的战略方针态度消极，因此你要逐渐组建以你为核心的年轻干部群体来掌管公司事务。对于公司而言，这种逐步排除那些在公司内部拥有重要影响力的旧成员、启用年轻人来主管公司经营活动的举措，无异于是一场具有颠覆性的革命。

正是由于在实行这项举措的过程当中，公司内部有可能产生动荡，因此你必须做好缜密的安排，并且身先士卒，以高昂的热情来领导这场公司内部的改革运动。所以，为了获得最终的成功，最重要的就是要首先找到能够与你一道披肝沥胆、义无反顾地投身到公司重建事业中的同伴。

为此，就需要你反复在公司内部宣讲你需要具有何种理念的人，以及你所希望公司遵循的发展方向，直到公司员工对你的理念产生共鸣，并心生“我也想要成为公司干部，为了公司的发展作出自己的贡献”的念头，并使这种念头不断高涨。假如我是你的话，在向父亲做出情况说明之后，就会开始付诸实践。而你父亲大概会以“你的做法极其危险，有可能让公司濒临险境”为由，不会轻易认可你的决定。但这就如同明治维新，虽然遇到了重重阻碍，但是革命的帷幕已经拉开。

如果你无法在工作时间内与公司的年轻员工们进行频繁的接触，那么也可以等到工作结束后，到晚上再把大家召集到一起进行各种探讨磋商。总而言之，彼此必须志同道合、团结一心。这就与谋划了明治维新的那一批人经常深夜聚集在京都、为了自己心中的未来宏图进行热烈讨论一样。

所以我认为，你今后要做的就是亲自在自己的下属中物色这样的人选，向他们倾吐你的思想理念，把他们培养成为能够真心认同你的心腹。只要做到了这一点，你心目中期盼的、每一名员工都能够主动思考并积极采取行动的公司氛围，就一定能够实现。

【经营问答二】

是否存在能够得到所有人认可的考核方式

- **问题**

敝公司是一家创立于40年前、最初以生产聚乙烯薄膜为主的合成树脂企业。我们现在的年度销售额为90亿日元，利润有4亿日元，员工总数400人。

我们从创业之初，就在业内首先掌握了对已经成型的薄膜按照需要进行再加工的二次加工法技术，从而为企业赢得了独占性的竞争力。并且我们在营销上不光只局限于当地，从很早就开始在关东、关西（在日本，关东主要是指以东京为中心的周边区域，关西则主要是指以大阪为中心的周边区域。——译者注）设置了营业所。

我们公司刚开始时，是为特定的家电厂商提供印有聚乙烯薄膜层的布料——用以包装电视机壳。但是从昭和四十年代后期（上世纪70年代）开始，随着电视机壳包装材料的变更，我们生产的产品也就失去了用武之地。于是我们利用泡沫聚乙烯作为缓冲材料开发出了新产品，并得到了日本所有家电厂商的一致采用。

在石油危机之后，我们认识到应该实现泡沫聚乙烯材料的自主生产，为此专门成立了子公司。然而就在生产泡沫聚乙烯的子公司成立后，日本的家电厂商却又出现了把生产据点向海外转移的趋势。总之，像这样各种意外状况层出不穷。但就在这种情况下，我们依旧积极开发合成树脂产品的各种用途，并且以泡沫材料为中心，在其他不同领域也进行了积极的生产销售活动。

在公司成立二十五年后，我们先在关西，两年之后又在关东设立了生产子公司。之所以要先后设立这两家子公司，是因为在我们公司的产品成本当中，运输费用占据了很大份额，因此必须在接近产品销售地的地方进行生产。并且，近年来我们还新增了塑料包装箱的生产销售业务。

如上所述，到目前为止，我们已经成长为一个由五家不同公司构成的集团。除了母公司以外的四家子公司全都属于制造企业，产品销售则完全是由我所经营的母公司一手担当。我们的销售区域覆盖了日本全国，销售业务则涉及包装材料、日用杂货、建筑材料等各个领域。这也成为敝公司的一个特征。

到现在为止，我担任公司总裁的职务已经七年了。公司的董事长，也就是公司的创建者——我的父亲在几年前健康状况出现问题，目前已经无法参与公司的经营管理工作。在担任公司总裁后没多久，我就围绕着公司的实际情况，团结公司的年轻高管，将自己的理念——“创造一个让员工能够发现人生意义、工作意义的职场，并成为同行业的排头兵”设立为公司的目标。虽然现在还不能百分之百肯定，但是我相信，公司高管一级的成员们都一致认同我的这个理念。

在今后合成树脂行业的竞争将会日趋严酷的情况下，敝公司准备进一步推动生产合理化和管理模式的改革，尤其打算在人事考核和职务制度方面进行调整。

敝公司以前在进行员工人事考核时，都是由相关主管根据自身感受，按照各部门类别分别加以实施，并且也没有任何明确的标准。此外从日本的经济泡沫时期开始，现在被分为 8 级的职务制度在具体实施上变得比较随意。由于有的部门甚至将职务工资当作部门员工生活补贴的一部分，因此公司内部有些部门的几乎所有年轻员工都被任命为了班长或者副班长职务。如此一来，就导致生产部门与营销部门之间在人员晋升方面出现了差距。

针对这些问题，我准备基于以下方式予以解决：

首先，在人事考核方面，从三年前开始，我针对科长级别以上管理人员的绩效考核方式进行了改革，为这类管理人员制定了与其所掌握预算相匹配的具体业绩指标。与此同时，被考核者的上司也会对这些预算的执行状况予以评分，然后将两者结合在一起进行考核。并且在开始这项改革之前，也就是从四年前起，我们公司就把员工奖金与业绩捆绑在一起，依照公司的盈亏状况，按一定比例决定公司将要发放的年度奖金总额。并且对于管理人员，在一定范围内拉开各自的奖金和工资增长的差距。

然而在具体执行过程中，由于我们公司在东京和关西的市场份额和客户状况存在着差异，因此在进行考核时容易受到外界大环境因素的影响；并且由于各个工厂所生产的产品也都不相同，所以我们遇到的一个很大问题是：很难把握好人事考核的公平性。此外，虽然我们对个人的实际业绩会进行数值评分，但是由于每个人所主持项目的难易度有所差异，容易造成被考核人只满足于完成指派任务的情况，所以最终还是得经由公司高管会议进行一定的调整。我打算最终还是只针对具体个人，或者小规模集体，将数值目标和目标管理作为进行人事考核的标准。

职务制度的改革则是基于以下的基本理念在逐步推进：第一，不再根据论资排辈，或者学历、工作经历，而是根据个人的实际能力选拔各级主管；第二，减少现在被分为八级的职务级别，从而在促进上下级沟通的同时，根据个人的能力、性格，把员工分成能够担负管理职责的人与适合于执行专门业务的人；第三，任何人员只要能够继续完成所定业绩目标，那么在进行以上改革时，他们现有的待遇，也就是职务津贴等一律不受影响。

基于以上考虑，我首先为能够真正选拔出具有真才实学的管理人员制定了新的晋升规定。并且我们认真探讨了是否要用代表领导能力、技术、技能水平的资格评定代替八级的职务级别，并在此基础之上，以组织负责人的标准设置相应职位。

我希望稻盛老师能够对我们进行的上述这些人事考核和职务制度的改革，以及应该如何设定考核标准提出意见和指导。我虽然一直都在努力实现员工之间人事考核的差异化，但是现实却总是无法得到让人满意的结果，必须不断地进行调整。并且在公司内部，既有像营销这样容易适用数值管理的部门，也存在与此相反的部门。此外，还有不少部门由于所处地区不同，在对这些部门进行考核时，不知道又应该采取怎样的标准才好。

还有一点就是，我打算在不降低员工现有待遇的前提下进行职务制度的改革，对于我的这种想法也希望能够得到稻盛老师的指教。

● 解答　企业内部考核难度极大。企业领导者不应只依赖各项规章制度，还应倾注心血，亲自督导手下员工

◆考核规则容易制造矛盾

你公司的销售额将近 90 亿日元，利润约有 4 亿日元，员工总数达到了 400 人，公司历史也已经超过了 40 年。作为一家公司，在经历了 40 年后，组织上就很容易出现松懈，并基于温情主义来决定员工的工资水平，因此也就导致了不管具体绩效优劣如何，员工工资都能获得增长。并且只要资历够了，就一定能被任命为系长（日本企业最低一级的管理职位，低于科长，高于班组长。——译者注）或者科长。也就是说，所有人都有机会获得一定的职务。你正是出于对这种状况的危机感，想要对你公司现有的工资奖金，以及职务制度进行改革。

然而这将会是一件非常困难的挑战。尤其是在日本企业当中，按照论资排辈的方式来决定员工工资调涨的传统根深蒂固。我也曾经思考过各种办法，想要制定能实现员工薪酬差异化的规章制度。那个时候我也和现在的你一样，试图确立能够在企业内部进行公正评价的合理规则，但是我最后还是以失败告终。

在管理企业时，没有比评价一个人更难的事情了。即便只有二三十名员工，要想对他们进行适当考核并决定是否加薪，也同样不是个简单的事情。正是由于这件事的困难度和难以操作性，因此所有的企业经营者都想找到一个仅依靠一定的规章制度，就能客观地进行人事考核评价的方法。

然而，规则一旦制定，立刻就会产生各种矛盾，因此最终必然无法得到顺利的执行。就算有企业自称“在制定了相应规则后，情况趋于良好”，这也基本上都并非就真有他们说的那么好，只不过是这些企业自认为良好而已。在制定这些规则时，企业需要得到工会的配合，因此必须避免企业员工产生不满情绪。这也就导致最终结果只不过是看上去不错，而绝对无助于企业的活力与发展。

我当年恰好也与你现在想到的一模一样，由于论资排辈的做法使得每个人都获得了一定的职位，因此当时我在公司里废除旧有的职务制度时，我甚至废除了部长、科长、系长的称谓。然后就像指派员工 A 领导这个 20 人小组的工作，员工 B 主管那家工厂一样，根据不同工作，设立了管理相关部门“负责人”的负责人制度。如果一个部门的工作不尽如人意，那么只需把部门负责人撤换下来，让他重新成为一般员工，并指派其他人来接替相应的负责工作即可。当时我考虑到，如果依旧保留部长、科长等称谓，那么一旦担任部长职务的人被降职为科长，那么相关者就会因为感到“丢了面子”而辞职，或者因此产生抵触情绪。因此我就只以负责人与一般员工的称谓来区分手下员工。

在员工薪酬方面，我设立了资格制度。所谓的资格就是代表员工岗位能力的待遇。员工资格分为参事、副参事等，员工所获薪酬就是以这个资格为基础，再加入资历因素来决定的。此外，由于企业员工在成为部门负责人时，并不会因此获得额外的职务津贴，因此即便被解除负责人的职务，其薪酬也不会受到任何影响。

就像这样，在我的公司里，以资格来表示员工所受待遇，而担负具体职责的负责人则由我任命适当的人选来担任。因此我们在公司内部一般很少使用资格这个概念，而基本上使用的是负责人这个称谓。

◆成果主义无助于企业的活性化

对企业经营者而言，如何有效激发员工的积极性是一个永恒的话题，而这其中难度最大的一点当属如何对部下进行适当的评价。不管是想要提拔晋升部下，还是由于部下的工作能力欠佳而要予以降级处理，对于企业经营者而言，操作起来都非常困难。这是因为经营者对这些部下的评价不单会对被评价者本人，同时对周围的其他员工同样会产生显著影响。例如，当经营者提拔了工作业绩虽然并不耀眼，但是工作态度却很认真的员工时，被提拔者或许会欢天喜地，但是在周围其他同僚看来，却有可能产生“连这样的人都能够获得晋升，为什么轮不到我”之类的怨气，从而导致这些员工的工作积极性受到打击；或者当有员工受到降级处分时，其周围的员工又有可能兔死狐悲，产生“下次大概就轮到我了”的恐惧感，这同样会对员工的积极性造成不良影响。

正是因为对员工作出适当评价是一件如此困难的事情，又不知道该如何制定相应的规章制度，所以你才会想到来向我打听锦囊妙计，然后指望着回去如法炮制。

然而事实情况却是，在进行人事考核时，并没有什么简单易行的规则来帮助你对手下员工做出正确的评价。如果你真心希望进行这样的评价的话，那么作为公司领导者，你就必须花费心血，注意到手下 400 名员工中的每一个人。为此，企业经营者应该亲自深入到企业的各个部门，也就是说，经营者要亲自去参加所有的会议等活动。

当然，个人与部门业绩也同等重要。你们集团一共有五家公司，由于这五家公司内部都分有不同部门，因此就可以通过管理会计来衡量各个部门的实际业绩。自然也就可以由包括企业经营者在内的所有人一道来为这些部门制定下一年度乃至其后的目标数值。而各部门对这些目标的完成程度也就成为它们的业绩标准。

在这种时候，为了获得客观的考核方法，不少企业都采用了成果主义的考核模式。所谓成果主义就是指企业对提高业绩的员工增加薪酬，反之对于那些无法提高业绩的员工则几乎不支付什么薪酬。然而现实情况却是，即使企业打算通过成果主义来促进员工的工作积极性，最终仍然无法依愿而行。尽管对那些能够顺利完成所定目标、取得一定成绩的员工的确应该予以奖励，然而与此同时，企业如果不能对那些虽然没有实现预定目标，但是依旧为实现这个目标而付出辛劳的员工给予应有的认可的话，那么终究无法全面提高企业员工的工作积极性。因此在对员工进行评价考核时，并非依靠几个数字就能解决问题。

所以，考虑到上述这种人情世故和人的心理特征，在评价一名员工时就不能完全按照理性来进行。员工业绩提高了就增加奖金，业绩下降了就减少奖金的这种成果主义做法，虽然一眼看上去非常客观，然而在以不少大公司为首的企业采用之后，却并没有产生很好的效果。其根源还是在于这种做法最终会使企业员工丧失工作积极性。

当企业员工获得高额奖金时自然会喜笑颜开，然而当经济陷入低迷、业绩出现下滑，因此企业决定“今年不再发放奖金”时，问题就会随之而来。员工们都需要养家糊口，对于年终奖之类的奖金本来就充满了期待，可是一旦得知没有年终奖时，必然会发出“我还得靠年终奖来偿还房贷按揭”之类的抱怨和愤懑。虽然他们或许在前一年度也曾经为拿到高于其他公司一倍的年终奖而高兴过，但是没有人会因此而宽慰自己：“上次还拿到了比一般公司高一倍的奖金，因此这一次就算一分没有也应该甘心忍耐。”

事实上，员工们只会因为下面这样的想法，而一下子就失去了对工作的积极性，“虽然我们公司今年的业绩确实很糟糕，但是我们好歹也得维持生活啊，公司这么做让我们非常为难”。

◆企业经营者必须是一流的心理学家

作为经营者，终究还是需要保持清醒的头脑：在企业效益红火时不会在发放员工奖金时随心所欲，大手大脚；当企业效益不佳时，也能够体谅员工的生活需要，不在员工奖金上打太多主意。我之所以这样说，完全是因为从员工的个人角度来看，企业经营者在经营状况良好时大派利市、恶化时就一毛不拔的做法对员工自身而言没有任何好处。人是有感情的动物，正是因为这样，企业经营者也就必须要成为优秀的心理学家。凡是不能够读透手下员工心理活动的人，根本就算不上是一名合格的经营者。

企业的经营者在制定了相关的规章制度后就撒手不管的做

法当然轻松，然而更重要的是，经营者还必须扎扎实实地倾注心血，亲自去督导手下的员工。以我本人为例，我会出席下属各个部门的会议，在会议上认真倾听员工们的意见，观察他们列举数字进行说明的样子。然后又会在工作之外，在公司举办的联谊聚餐会上再次倾听、观察同一个员工的言行，然后就足以最终认清这个人究竟是个“工作好手”，还是个“虽然在开会时能说些豪言壮语，但是做人却不行，是个靠不住的家伙”。与此同时，我也要求自己的干部利用这种方式来对手下做出评价。我认为在进行人事考核时，关键的一点不在于制定好了规章制度，然后依照这个规章制度进行评价，而完全在于经营管理者在日常工作当中“对自己手下的员工到底能够关注到什么样的程度”。

至于你所问及的员工工资水平和奖金水平的问题，你还是应该在收集、参考了同行业其他公司的各种资料后再作判断。总之，不能低于同行业的其他公司或者同地区相同规模公司的水平，甚至你还应该向自己公司的员工提供比别的公司还要好一些的待遇。我建议你在决定员工工资奖金时，不要依据公司和员工个人业绩来随意增减，而是按照一般行情来做决定。

正因为对员工进行评价是一件困难的事情，所以企业的经营者就必须熟谙员工心理，倾注心血、认真慎重地做好这件事情。

【经营问答三】

如何改善企业文化，推动企业发展

● 问题

我们家族公司的主要业务是以 OEM（为其他品牌商家进行委托代工生产）的形式生产制造鱼糜制品和冷冻食品，并且同时也生产我们公司自己品牌的腌制类海产品，我本人是公司的第三代传人。公司的年度销售额在前年是 14 亿日元，去年是 13 亿日元。近年来由于作为生产原料的鱼类价格高居不下，而我们又无法把这笔费用转嫁给消费者，再加上公司试图向高收益性产品结构的转换尝试也效果不彰，这些就最终导致了公司利润不断恶化，成为我现在心中最大的心结。我们公司包括三名高级主管在内一共有 33 名正式员工，此外还雇用有 60 人左右的临时工。

我认为作为企业的经营者，其所应该实现的成果就是卓有成效地利用丰富的信息，以及人、财、物等经营资源获取利润，实现企业的目的和理念。为了实现这些目标，经营者理所当然必须首先确立坚定的信念和高尚的人格。与此同时，是否能够取得这些成果在很大程度上也取决于配属于各个生产、营销，以及事务部门员工的鼎力合作。因此我相信，企业经营者应该与部下保持一致认识，结下能够彼此相互理解的私人关系。当然，这无疑也就涉及了思想与哲学等领域的问题。

基于以上考虑，我想在此就两个问题进行请教：第一，培养人才的要点；第二，应该如何塑造有利于企业发展的企业文化。

针对第一点“如何赢得手下员工的人心，并进行人才培养”的问题，我对本公司的现状感到不满的地方可以分别归纳为：在开会时，员工很少能够积极参与发言；当我向手下员工提出改进要求时，对方总是会寻找过多的借口；在论证各种应对措施时，手下人多是列举一些无法实现的理由进行搪塞；员工对于各项工作的结果缺少责任心等。

我认为，一个理想的员工应该能够按照各自不同的职责和立场，积极迅速地针对集团目标、企业目标，以及个人目标展开相应的行动。为了让我的员工都能够符合这个标准，我在每年年初都会召开企业经营方针发布会，针对基层干部，每天都召开生产线早会，每个月要开产品检讨会，并且部长以上的所有干部每月还会开一次业绩检讨会。此外从今年开始，我们公司还启动了外部研修会制度。作为这些努力的结果，本年度公司预期销售额将会提高 15%，企业利润将会增加 3 000 万日元。

对于第二个问题，我相信凡是能够实现自身成长的企业必然都拥有优秀的企业文化，并且得到了企业所有员工的认同和拥护。我本人所追求的企业文化就是：要时刻保持创新精神，员工能够充满活力，对工作保持积极进取、同心协力的态度。虽然为了实现这个理想，我在企业内部提出了“时刻保持创新，永远采取积极态度，任何时候都绝不放弃”的行动指南，并夜以继日地为此奋斗，然而却依旧未能产生明显的效果。由于职业的原因，我现在每天都忙于参加本地的各项会议，招待各类不期而至的客人，因此也就很难集中心思在企业经营上面。所以利用这个机会我想知道，我应该如何有效地进行日程管理、赢得员工的心，以及我应该通过学习哪些东西、采取怎样的行动来创造一个能够得到上下一致认同的企业文化。希望能够得到稻盛老师的指教。

● 解答　经营者若不亲临基层就不可能塑造出良好的企业文化

◆利润出自于实际生产一线

你可以算是十分认真地对企业经营进行了学习研究，确立了自己的经营理念，并依照这个理念开展了经营活动。虽然这本身是一件了不起的事情，值得赞许。然而你给人的实际感觉却是，你还仅仅只是在形式上接受了自己这套通过自身学习而思考出来的经营理念和企业形态。我认为目前在企业经营这个问题上，你当务之急所要做的并不是你前面所说的这些东西。

一开始你就介绍到，你们公司的业务主要是以 OEM 的形式生产鱼肉、绞制食品，以及冷冻食品。因为是 OEM 生产，因此也就不是你们公司的自主品牌，而是从别的海产品经销商那里获取订单，并为这些海产品经销商代工生产贴着它们品牌的产品。而这些海产品经销商在购入你们生产的产品后，会在出厂价的基础上再加上自身利润转手批发给各处的卖场和商铺。因此，你们公司卖给经销商的产品价格就有可能要比那些自产自销的企业低上二到三成。

如此一来，如果你们的生产原料的进价与其他生产绞制鱼肉产品的企业保持一致的话，那么在成本上就会很不划算。由于你们所生产产品的出厂价一般要便宜上二到一点五成，所以在购买原材料时，同样质量的优质原材料进价也就必须低于其他同行业者。然而这一点在现实中又比较难以实现，因此我认为更重要的实际是提高你们公司员工的人均生产量，也就是所谓的生产效率。这是因为，如果你们的员工不能实现高于其他公司数倍的生产效率，最终依然会造成你们的原材料进价在实质上与其他竞争对手毫无区别。这样的话，你们公司也就不可能创造出有效的利润。

刚才你说自己已经对于企业经营的各个必备要素都专门进行了研究。例如，你说“企业经营者应该实现的成果就是利用丰富的信息”，然而在实际操作中，所谓的丰富信息其实也就是那么一回事儿。并且你还说“必须卓有成效地利用人、财、物等经营资源”，这些与你的目标也并无太多关系。当然你也说到，“是否能够取得这些成果，在很大程度上也取决于配属于各个生产、营销，以及事务部门的员工的鼎力合作”。这一点倒是完全正确，但也正是如此，你才需要亲自深入生产一线，因为企业的利润都来自于生产一线。问题的关键并不在于生产一线的员工是否承担了他们应尽的重要职责，而是你必须自己身处生产一线，亲自推动企业利润的上升。

由于是 OEM 生产，所以你们产品的出厂价原本就不可能太高，因此从一开始就必须仔细调查原料状况，以最便宜的价格收购到所需的优质原材料。要是发现这样的原材料产地在很远的地方，你就应该亲自开着货车去采购，若委托运输公司的话，原材料价格就会随之上升。如果你现在开的是轿车，那就把它卖掉换成卡车，然后开着它去进货，采购到比别处都要便宜的原材料。如果企业老总不能亲自出马、到各处寻购最便宜的原材料的话，那么这家企业当然没有办法创造利润。因此我才会说，利润出自于生产一线。

你们公司的销售额已经达到了12亿～13亿日元，因此即便是作为进行OEM生产的承包商，同样应该能够轻而易举地实现10%的利润率。而现在你所需要做的事情就是，想尽办法让企业创造出更多的利润。

◆严密掌控生产一线状况

你随后提出了“如何赢得手下的人心，并进行人才培养”的问题，你为此专门制定了对策，每年召开一次经营方针发布会，与基层干部一道出席每天的生产线早会和每个月的产品检讨会，并且以部长以上的管理干部为对象，举办了业绩检讨会。这些措施虽然重要，但是却必须在及时充分地掌控了生产一线实际状况的前提下，才能收到切实有效的结果。

你一定要深入到那些无法为企业创造利润的生产一线部门，追根溯源，找出症结，“如何才能够将原材料价格降下来？到底是什么原因导致无法产生利润？”例如，巡视生产绞制食品车间时，可以去看看原材料的保管室，那里应该堆放着包括调味料在内的各种原材料。假如看到有任何调味料洒落出来的情况，就必须立刻向生产车间的工作人员们发出责问：“为什么会出现这种情况？”要知道正是像这样的不当管理才会导致企业无法创造利润，因为在原材料管理上的漫不经心必然会导致原料成本的增加，因此经营者对于这样的现象就有必要严加追究。

总而言之，企业的经营者不能不详细掌握生产一线的具体状况。只有在经营者熟悉具体状况、并进行严密督导的前提下，每天早会对于昨天发生的各种情况的总结才有可能产生作用。如果经营者不能像上面所说的那样进行严格要求，那么不管经营者在早会上费上多少口舌也不会有任何意义，对于底下的员工们来说，只不过如耳旁风而已。

经营者在进行企业经营活动时，应该把目标明确为一点，那就是想方设法要让企业实现10%的利润率。你刚才说到，“就算把包括普通员工在内的企业所有成员召集到一起开会讨论，也没人愿意积极提交意见”。假如像你所指望的，企业员工都能够积极向经营者提出各种意见，那么就不会再有人为企业的经营活动感到辛劳。如果下属员工们不能提交意见，那么你就应该自己到生产一线去亲自进行指导。但是，你的指导必须正确可行，也就是说，你自己首先需要精通企业的各项业务。然而我不得不遗憾地指出，你现在并没有做到这一点。

我这么说的理由在于，你刚才已经承认，你自己要花不少时间去参加你公司所在地的各种会议，接待来访客人，难以把时间和精力集中在工作上。其实你根本就没有必要去接待什么不期而至的客人，那只不过是在浪费时间。对自身工作应该集中精神、全神贯注才行。我之所以会说得这么严厉，完全是因为我感觉不这样的话不足以让你受到触动、改弦更张。

◆深入了解基层实际情况

我是因为把你当作自己的亲弟弟才会说得这么直截了当。从今天开始，你必须和过去的那些做法一刀两断，从此身先士卒，亲自融入到基层中去。对于企业而言，生产一线是至关重要的存在。虽然我一直都在告诫大家，要“树立自身理念，重视经营哲学”，然而在进行企业的经营活动时，尽管理念和哲学确实重要，但是像你这样，仅仅只会谈论理念和哲学却没有任何意义。

经营企业，最重要的是能够创造利润。为了实现这个目标，你就应该每天都深入基层，让自己在业务上成为一个无所不通的专家。你要让基层员工都感到厌烦为止，整日里和他们泡在一起，最终使他们发出这样的感慨：“我们老板虽然掌管公司还没多久，但是却里里外外、上上下下什么事情都调查得一清二楚。虽然他刚开始时还不怎么到生产一线来，可是近来却连星期天都不放过，整日里在生产车间四处开箱翻盖，到处检查，我们在工作中没做好的地方全让他看到了眼里；最近老板又不知道是得到了谁的指点，每天都套着长筒雨靴，穿着防水工作服到生产线上来帮忙。然后他只要一发现问题就会立刻批评相关人员，真是让人受不了！”

像你们这样规模的企业，如果一名刚进来的新员工想要有朝一日登上总经理的位置，就必须认认真真地在生产一线，套着长筒雨靴，穿着防水工作服，即便是腊月严冬也得在潮湿寒冷的环境中勤奋工作。一个普通人要想最终成长为企业的经营者，就必须忍受像这样的长期锻炼和煎熬。企业的经营者也正是在这样一个成长过程中，逐渐对基层的各种具体情况和问题了如指掌。

然而，你却并不真正了解基层工作的这些辛劳，只不过是因为你是老板的儿子，所以大学一毕业就能够直接执掌公司大权。当然这样也无可厚非，你完全可以在成为公司老板后再去了解基层的实际情况。事实上，相较于在懵懵懂懂、一无所知的状态下就进入基层工作，在读完大学、已经具备了相当学识智慧之后再去基层工作更有利于掌握业务，发现正确的着眼点。

如果你要问为什么我会说这些，那是因为你的公司正面临着巨大的危机。你的公司现在必须尽快获得利润！然而解决这个问题的关键不在于你手下的员工，而在于你本人。光靠召开公司会议，在会上向大家询问“你们有没有什么建议可以提交？”并不会产生任何作用，最终还是得依靠企业经营者亲自去调查学习、参与实际运作，来发现并掌握实际情况。因此企业的经营者也就必然要远比手下的管理干部们更辛劳，了解更多的相关情况，这也正是作为经营者的应尽本分。

◆正是由于能够严密掌控基层实际状况，才能催生出相应的经营理念

一旦企业经营者在充分了解基层实际状况、打算要实施各项严格监督时，必然会与基层员工产生摩擦，产生不和谐的氛围，出现诸如“我们已经非常努力工作了，没有必要再这么严厉”之类的抱怨。但是经营者切不可因此心软，否则企业经营就无以维系，并进而导致企业利润的降低。然而经营者的严厉督导必然会引发员工的反感，造成对立。但是作为企业经营者，必须要这样冒天下之大不韪，因为这完全是基于经营理念和企业文化的需要。

京瓷的经营理念是“在追求所有员工获得身心两方面幸福的同时，为人类与社会的进步和发展作出贡献”。也就是说：我们公司珍视每一位员工，要为所有员工谋求幸福。因此也正是由于我想要保证手下员工的幸福，所以才会严厉斥责那些不认真工作的员工。

我常对自己的员工说：“虽然这是我的公司，但我并不是为了让自己发大财而在役使你们，我的所作所为都是为了你们大家。是由于我一心想要为大家提供更好的待遇，所以才不能容忍偷懒耍滑的员工，并且对他们的态度会非常严厉。”也正

是因为我心中想的都是所有员工的幸福，所以我才能无所顾忌地严格要求下属。

企业的领导者如果不能首先做到深入基层、进行严格督导，而是一心只想依靠经营理念和社会文化产生作用，是没有任何意义的。只有当企业经营者自己能够到生产一线身先士卒、努力工作，才可能催生出积极向上的企业文化。刚才我说的这一席话虽然有些刺耳，但这都是因为我把你视作自己的弟弟，希望能够得到你的谅解。

【经营问答四】

如何摆脱企业的委靡状态，提高员工凝聚力

- **问题**

我们公司经营的业务主要包括不动产租赁、房产销售中介、住宅代管和改建等内容。公司有 26 名正式员工，13 名临时工。年度营业额约为 4 亿日元，利润率大约有 20%。

二十一年前，我依靠一家仅仅只有 15 平方米的店面创办了现在的公司，刚开始时，公司的资本金不过 600 万日元，正式员工和临时工各一名。在公司成立之初，我制定了“14 条创业理念”。这些创业理念主要包括“不以赚钱为公司的目的”、“每时每刻都兢兢业业地投身于工作之中”、“要具有全球化的视野，与此同时又必须脚踏实地地做好本职工作”、“不断推动革新”等。我用自己的语言把这 14 条理念逐一写了下来，这 14 条创业理念代表着我对自己公司的期待，同时也是对我自身的戒条。

后来公司的经营曾经一度陷入低潮，连工资都发不出去，我迫不得已只好把公司的员工都辞掉，不过最终我们渡过难关走上了正轨。在创业第六年的时候，我感到 15 平方米的店面

已经不够使用，于是通过银行的介绍购买了现在公司总部所使用的不动产。尽管由于店铺的新建和扩大，公司业务得到拓展，正式员工和临时工的数量也随之增加，但是我却感觉到员工数量的增加并非就是一件好事，这同时也意味着经营者责任变得更大。虽然我们公司的业绩一直都还能保持稳定的增长，但是近年来还是逐渐感受到了某种巨大的阻碍。

尤其是到了每年需要制定公司新年度的经营方针时，这个问题就会凸显出来。

由于我们公司都是在五月份进行年度决算，因此每年五月，我就会与公司员工一起，到外地去进行历时数天的研讨旅行。我们会利用这个机会制定公司下一年度的经营方针，具体的操作过程都是先由我决定基本方向，然后再以租赁、销售、管理、改建等各个部门的负责人为中心，提出下一年度具体的预期业务数值目标。

然而，不知为何，每年一到这个时候，就会不断有员工来提交辞呈，以至于一听到员工来对我说“老板，想和你说点儿事”，我心中就会不由自主地懊恼，“莫非又是来辞职的”。虽然我一门心思想要努力成为一名优秀的经营者，创办一家杰出的企业，然而这种现实状况却使得我，甚至想到过要中止制定公司年度经营方针的做法。

在感到极度困惑之后，我特意聘请了一位公司管理方面的专家，让他到员工中进行直接调查，以求找出问题的症结所在。一周后，专家的报告书放到我面前，我看后不禁感到愕然。报告书中记录了公司员工的一些真实想法，都是诸如“我们老板没有识人的眼光”、“老总经常朝令夕改，已经决定好的事情，一转眼又改了主意”、“这个公司让人感觉不到奔头”之类的怨言，全都反映出员工们对于经营者和公司的猜疑与不满。我怀着满腹痛苦翻来覆去看着这份报告书，一边想起我那 14 条创业理念，一边认识到了这才是我们公司的真实现状。

虽然我并不赞同这份报告书中的所有内容，但是我认为作为一名公司的经营者，自己必须正视报告书中指出的所有问题，根据问题的轻重缓急，一一加以解决。但是与此同时，我也做好了精神准备，一个领导者不能为了讨取员工欢心而进行经营活动，即便有员工因为无法认同公司的经营方针路线而辞职不干，也是没有办法的事情。我决定要对这种现象采取更加积极的态度。如果一名员工辞职，那我就再雇两个人填补空缺，也许这样还有助于发掘新的可能性。在稻盛老师以往的教诲中，有这样一句话，“人心虽然善变，但一旦能够与他人在心灵上结下牢固的纽带，那么就没有再比这种纽带还要牢不可破的关系”，这句话我时刻铭记于心。

虽然我也清楚，既然自己已经开创了一项事业，就必须不断创造利润以维系公司的存续，然而心中依然存在着无法释怀的纠结。但是后来在反复聆听学习稻盛老师的演讲录音带和书籍的过程中，听到稻盛老师引用石田梅岩（1685～1744，日本江户时代的思想家和伦理学家。基于中国宋朝理学的天命论，他提出“商业的本质就是货物交换的中介，因此商人的职业是正当且重要的，与其他职业并无差别”。——译者注）的例子来说明企业获利的正当性，心中长年的疑惑一瞬间得以彻底的消除。

我的公司到今年已经成立了21年。我将创业之初的艰难岁月当作宝贵经验，怀着“赤字意味着企业经营者的失败”的信条奋斗至今。今后我也希望把自己的公司打造为一个能够对社会作出贡献的公司，让所有员工都拥有丰富美好的个性，并在这里实现自身意义。我自身不管是作为一个普通人，还是一名企业经营者，在许多方面都还不够成熟，因此请稻盛老师给予建议，指出如何才能够提高员工的凝聚力。

• 解答 秉持“与员工同舟共济”的理念制定企业的经营方针

◆经营者首先必须珍惜和重视自己的员工

虽然不清楚你制定的“14条创业理念”的全部内容，但是仅就你已经介绍的四项内容来看，给人感觉全都显示了你自己的雄心大志，而对于公司员工却完全没有任何提及。并且你的公司只是一家地方性的从事不动产业务的公司，却自称要拥有“国际化的视野”，这就显得有些大而不当。

事实上，由于你们公司所涉及的都是一些日常的普通业务，因此如果你不能向自己的员工公开表示：“请大家与我一道苦乐同当，辛勤工作！作为回报，我一定会努力奋斗，让大家都过上幸福的生活！”那么大概不会有人愿意忠心追随你。你的公司并不是什么待遇优厚、魅力十足、众人青睐的大公司，所以你的员工只要在工作中感到稍不如意，就很容易产生这样的念头：“反正工资也就这么一点，不如辞职重新再去找一个。”

作为你本人，因为一心想让自己的公司发展成为一家杰出的企业，所以会一个劲地督促手下的员工努力工作。然而我认为，这并不足以让员工产生会紧紧追随你的动力。

当然，在过去21年的岁月里，你辛勤奋斗，让公司得以不断发展成长，你的努力还是非常让人钦佩的。你的公司现在能够实现每年4亿日元的销售额，20%的利润率，这想必全都归功于你真真切切地意识到了利润对于企业经营的重要性，并为之付出了相应努力。

尽管我并不是很了解你的性格，不过还是能够感觉到你是一个非常好胜和勤奋的人，虽然这些性格对于经营一家企业非常有用，但是对于中小企业而言，在进行经营管理时，关键还是在于企业的员工。

中小企业一般都难以吸引优秀的人才。京瓷在创业之初也只不过是一家小工厂而已，当时来应征的全都是些极其普通的人，然而我却从一开始就非常珍惜和重视这些员工，但是你在这方面却似乎做得有所欠缺。

很多中小企业都是在一无资金、二无技术的情况下白手起家。在这种情况下，企业唯一具备的也就只能是企业员工的心态和理念。我自身经营思想的根基就在于，如果企业的经营者无法珍惜和重视员工的个人感情，那么也就无法将企业的所有成员团结到一起，产生凝聚力。

◆“经营者需要赢得员工的敬佩”

作为企业的经营者，非常重要的一点就是必须具备重视员工优先于重视自己的心态。只有当经营者足够重视手下员工的感受时，员工才有可能对经营者的善意产生感激之情，进而产生效忠企业经营者的意愿。但是，即使是这样，每当遇到与个人利益相关的问题时，比如其他公司的工资更高一些，往往这些员工照样会投靠过去。这也就是为什么我会说“人心善变”的原因。有些时候，员工明明态度坚决地向你保证过：“老板，我热爱这家公司，一定会在这里努力工作。”可是话音未落，马上就又辞职不干了，不得不让人发出“人心真是难以琢磨”的慨叹。

尽管善变的人心让人不敢轻易相信，但是我们还是必须对其付出我们的信赖。即便在不断遭受背叛的情况下，只要我们依然能够矢志不渝，不放弃对人心的信赖，那么具有坚定信念和心态的人就必然会出现在我们眼前，这才是我所说的下面这句话的真正含义，即“虽然人们常言人心易变，难以依赖，但心和心一旦凭彻底的依赖关系凝结在一起，将会变得无比牢靠”。

由于中小企业大都既无资金又无技术，赖以依靠的就只有聚集到一起的企业员工，因此就必须以企业经营者为核心，将所有员工凝聚到一起。要实现这一点，首先需要让企业员工能够对经营者感到敬佩。我认为，作为中小型企业，如果经营者无法获得手下员工的敬佩，就不可能获得最终的成功。

经营者要想赢得员工的敬佩，首先必须做到善待自己的员工。当然，我这里所说的善待是指在可能的范围之内。当企业运营还没有步入正轨时，公司往往并无实力向员工支付优厚的薪酬，很多时候员工的薪酬甚至还要低于业界平均水平。然而与此同时，又必须要求员工比其他公司的同行们工作更长的时间，付出更多努力和辛劳，这无疑是一个巨大的矛盾。在这种情况下，如果企业经营者对于员工不是注重感情上的诉求，而是只求助于物质上的奖励，那么必然难以赢得员工的忠诚。也就是说，要想让员工能够产生对企业经营者的敬佩之情，经营者自身就必须先在员工身上倾注自己的感情。

◆企业经营者只有在珍惜和重视手下员工的基础上，才能成就“大善”

虽然在我的哲学字典中存在着“关爱之心”的说法，但是显然经营者仅仅依靠一颗温柔的关爱之心是不足以开展企业的经营活动的。所谓的“关爱之心”，并非是指经营者为了讨好员工而肆意娇惯纵容属下。你自己刚才也说过了，“一个领导者不能为了讨取员工欢心而进行经营活动”，我在这里必须指出的是，经营者对手下的纵容娇惯只不过是“小善”。常言道，“小善如大恶”，如果经营者只会一味娇惯纵容，那么手下的员工必然会庸碌无能，这和教育小孩子是一个道理。

如果企业的经营者想要培养优秀的员工，就必须对其进行严格的要求，这才是真正的“大善”。当我们在行这种大善之时，旁人或许会责难道：“这个老板真是个不通人情的苛刻家伙!”但是正如我们在教育小孩时经常会说“玉不琢，不成器”一样，当我们严格要求自己的子女时，即便别人认为“这父母可真够心狠的，让这么小的孩子去承受世间之苦”，但是为了让自己的孩子最终能够成长为一个顶天立地的大人，作为父母，这些严格的要求就在所难免，而并不能说明是父母不爱自己的孩子。

你说自己“曾经作为一名经营者，对追求利润这种做法多少感到有些困惑，但是在得知石田梅岩的说法后终于得到了救赎”。石田梅岩认为，商人追求利润与武士从其侍奉的主人那里获得俸禄一样，并不是什么可耻的行为，而是天经地义的事情。石田梅岩将商人追求利润的行为正当化了。你对石田梅岩的理解倒是没有什么错误，但是我却感觉你几乎没有过多留意到贯穿我整个经营思想体系的“珍惜和重视手下员工”这个理念。你实际上只在乎自己对利润的追求是否能够被正当化，而在你的经营方针之中，完全没有考虑到员工的利益，因此你的员工们才会不断辞职而去。

如果一家企业只有 10 ~ 20 名员工，那么在这种情况下，经营者就只需按照上令下达的方式，直接向下属做出指示：今年公司的经营方针是这样的，必须具体依照这种方式予以执行。试图让手下那些缺乏才识的员工直接担负经营责任、指派具体目标数值，并给予压力、要求发挥其自身主动性和积极性的做法，只会让这些员工深感责任的压力，备受煎熬。

因此，为了避免这种情况，经营者就有必要与员工一道，携手制定企业的经营方针。经营者需要与众人共同推动企业的各项活动，并且还要能够以下面这种姿态向自己的下属员工们表示：“让我们大家一起来共同承担公司的经营活动！我指定你来担任这个部门的负责人，同时我也会向你提供所需的帮助，一旦有任何问题，只管来告诉我。”虽然在现代企业中，由于事业部制度使得各部门的员工和负责人会各自承担不同的责任，从而也就使得企业领导者轻松许多，但是当企业规模较小时，企业领导者还是得亲自注意这种细节之处。作为经营者，如果你真的能够秉持关心爱护的态度对待手下员工，那么他们就一定会对你忠心耿耿。

我相信，只要能够真正理解我的经营哲学中“重视手下员工”这一点，那么你的公司就必将得到进一步的发展。

第二章

如何激发员工的积极性

描绘梦想，点亮心灵

● 梦想是企业成长的推动力

不管是经营我们自己的人生还是企业，是否拥有“远大的梦想”决定了我们未来所能够取得的成就。只有通过描绘梦想，才能给人们以希望，从而产生热切地迎接明天的动力。所以我从创业之初，就已经开始了对自身伟大梦想的描绘。

“我要让这家企业成为西京原町（町：日本最小的行政区划，相当于中国的街道。——译者注）最大的一家企业。在成为原町最大的企业后还要再接再厉成为中京区最大的企业。在成为中京区最大的企业后更要成为京都最大的企业。在成为京都最大的企业后进而要成为日本最大的企业。我最终的目标是让京瓷成为全世界第一！”

然而，当时的京瓷还只是一家在借来的木板搭建的仓库里小打小闹的作坊工厂。由于京瓷所在的町内还有其他一些让人觉得京瓷永远都不可能追赶上的大企业，对京瓷而言，这也就意味着就连想要成为町内第一的梦想都显得有些遥不可及，更遑论其他。因此，京瓷的员工最初对我这个要成为世界第一的梦想都持着半信半疑的态度。

尽管在别人眼中无异于是在痴人说梦，但是我依旧未有丝毫动摇，抓住一切机会不断宣扬我的梦想，直到我手下的员工们也逐渐开始接受并认同我所描绘的这个梦想，从而在企业内部共同催生出不管遇到怎样的阻碍也要克服并实现这个梦想的组织凝聚力。

• 明示工作的意义

为了实现自身梦想，达到更高的目标，有的时候我们必须接受超过自身现有能力以上的艰巨挑战。当京瓷还是一家作坊工厂时，能够获得的基本上都是些被其他公司以技术难度过高为由而回绝的订单，而我则对这些难度极高的订单全都一口承诺下来。

从客户那里回到工厂后，我会立刻召集企业干部，详细地告诉他们：我争取到的订单所要求的产品用途，如果能够成功开发出来，用途还将如何进一步得到延伸，以及这个产品今后将会对电子工业的发展所起到的重要作用。

在那个时点上，京瓷尚不具备与这个产品的研发要求相匹配的技术和设备。所以在这种情况下，我只有想尽一切办法先阐明该产品的研发意义，以及在它身上所寄托的梦想。

然而，手下员工们的脸上却清清楚楚地写着他们心中的疑问："我们既无技术又无设备，该如何才能够将这个产品研发出来?"于是我会不断地向我的员工们做出解释，进行诉求，直到他们的表情转化为"好，让我们动手吧"为止。事实上，如果经营者无法让自己的员工产生"无论如何也要办到"的气概，那么任何产品的研发就都不可能成功。只要所有人心中都能坚持"破釜沉舟，必须成功"的信念，并付诸持之以恒的努力，就必然能够找到解决办法。同样，经营者如果想让下属员工也具备这样的信念，并进而努力投入到工作之中，就必须竭尽全力、充满激情地向员工们解释说明相关工作的意义。只要企业的员工们能够接受并认同所赋予工作的意义和目的，就必然能够自发地产生热情，主动挑战更高的目标。

● 成功在于不断踏实苦干的积累

虽然远大的梦想和崇高的目标对于企业而言必不可少，但是在现实中，我们又必须每天不断面对各种平凡而又乏味的工作。有的时候，我们会因此感到梦想与现实之间的巨大差异，并进而产生焦虑感。事实上在京瓷创业之初，我们大家每一天都是满身粉尘、挥汗如雨地不断重复着调和陶瓷原料、手工成型，以及高温烧造的工作。

但是，不管再如何伟大的事业，都需要通过持之以恒的辛勤努力来获得最终的成功。要想登顶世界最高的珠穆朗玛峰，就必须依靠登山者一步一步地攀登才能抵达顶峰。就如同即便是非常小的每一步，累积到一起也照样能够征服珠穆朗玛峰一样，企业的所有员工只要能够瞄准共同的目标，全力以赴地投入工作，坚持不懈地保持踏实肯干的姿态，就终将攻克那些困难的技术难题。正是这些持之以恒的辛勤付出，才奠定了京瓷的技术基础，并最终成就了京瓷今日的辉煌。

• 人心并非是为薪酬所动，而是为情所动

为了激发企业员工的工作积极性，一般做法是，当企业经营取得成绩时，就给予企业员工以工资和奖金方面的奖励。虽然这种方法简单易行，但是企业的经营并非永远都会一帆风顺，一旦经济出现低迷，企业运营发生梗阻，企业员工的工资和奖金也必然会随之减少，那么员工的干劲也会立刻陷入低迷

状态。因此作为企业的经营者，非常重要的一点就是，切勿以金钱作为蛊惑人心的诱饵，而是努力激发员工发自内心的工作激情。

只有树立了崇高目标，并为之克服了各种各样的困难，人们才能真正感受到工作的喜悦和意义。所以，企业领导者被赋予的一项重要职责就是要面对未来，描绘远大梦想，明示工作的意义，点亮员工的心灵。

【经营问答五】

如何让从事低层次工作的员工也能够充满自豪感

● 问题

我们公司是一家为大型钢铁厂和造船厂提供钢铁制品加工服务的承包商。回顾过去数十年，我们公司在遭受了石油危机、造船业衰退、日元升值所引发的经济低迷等各种冲击的同时，通过实施削减人员、抛售自有资产等对策，从两三年前开始，终于获得了与其他行业一样的喘息机会。然而在此期间，我们仍旧深受各种各样的问题困扰。

由于我们公司是一家进行来件加工的承包商，内部工作环境因为恶劣、肮脏、危险，所以被外界称为3K职场（日语中，恶劣<きつい>、肮脏<汚い>和危险<危険>三个单词的罗马字拼写的第一个字母都是“K”，因此在日本俗语中，将具有这三个特征的工作统称为3K职业，工作场所则成为3K职场。——译者注），因此我们很难招募到需要的人手，并且就算有人愿意来应聘，也都做不长久。但是由于我们的行业特征，要想将员工培养到能够熟练看懂图纸、操作机器的地步，至少需要5～7年的时间，这就使得我们无论如何都希望员工能够长期钻研技术、安心本职工作，只是这个愿望在现实中几乎难以实现。

虽然我们为了让员工能够安于本职工作，也想过要让员工能够对自己的工作寄托梦想，但是在我们这样的企业环境中，又不知道究竟应该让员工怀揣怎样的梦想才好。并且，我还希望稻盛老师能够赐教，企业经营者怎样才能够让员工感受到自身工作的意义，又应该秉持怎样的态度去培育自己的员工。

● 解答　揭示工作的存在理由，激发员工工作动机

◆这不仅是 3K 行业的问题

你提出了一个非常重要的问题：如何提高员工的工作积极性。这不仅是 3K 行业，同时也是所有经营者都需要面对的问题。例如，经营者需要知道如何才能够让营销部门的员工对自身的工作充满梦想和自豪感，同样，经营者也需要明白怎样才能提高财务部门员工对财务工作的积极性。但是在现实中，我们看到的实际情况却是，众多企业的员工缺乏工作积极性，在工作中充满了惰性。

我并不认为一项工作由于具有恶劣、肮脏、危险等特性，就无法让员工对这项工作产生梦想和自豪感。问题的关键并不

在这些地方，真正的关键在于，企业的经营者从来就没有认真考虑过“有效激励员工、促进工作积极性的方式的重要性”。

一个优秀的企业经营者不管对什么样的工作，都会让自己和员工认识到，“我们所从事的工作，不论对社会还是对个人都具有重要意义，这是一项非常光荣的事业”。因此，首先就必须让企业员工明确企业存在的理由，以及自身所从事的工作对社会来讲不可或缺的理由。

如法语的 raison d’être 一词所表示的，任何没有“存在理由”的企业必然从社会中消失。经营者自己首先需要明确自己企业必须存续于世的理由。与此同时，还要从更高的角度让手下的每一名员工都能够清楚地了解到，为何他们各自所从事的工作具有不可替代性，这些工作对于社会的意义，以及为何从事这些工作的人是光荣和可敬的。

这种做法并非仅限于难以吸引到人才的 3K 行业，它对任何企业、任何部门的人员都是必不可少的。因此企业经营者的任务就是，要尽一切可能为属下所有员工所从事的工作确立意义，也就是让他们感受到“我所从事的工作完全是社会的需要，所以我就必须在工作中任劳任怨、全力以赴”。

◆我自己也曾经有过毫无工作动力的时候

之所以这么说，完全是因为我自身就曾经从事过 3K

工作。

昭和30年（公元1955年）我大学毕业后，就进入了一家生产陶瓷的企业。进入那家公司后，我被指派负责研发新兴的精密陶瓷。尽管当时那是一个全新的研究领域，但是陶瓷烧造说到底就是利用黏土制造产品的工作，因此也属于3K行业。虽然现如今捏制陶瓷器具已经被冠以陶艺的名头，作为一种艺术成为连家庭主妇们都广为青睐的爱好，但是实际进行陶瓷器具烧造工作的生产现场却是一个最具有3K特性的职场。

由于生产陶瓷使用的都是诸如黏土和长石这样包含不纯物质的天然材料，因此从科研角度来看，也并非属于什么具有前沿性地位的领域。有机化学专业出身的我，对陶瓷烧造这样的无机化学世界的事物毫无兴趣可言。我之所以会进入一家陶瓷烧造企业，完全是由于当时的低迷经济形势导致我无路可去所致，事实上我自己根本就没有意愿涉足陶瓷领域、进行研究活动。

我当时的研究内容就是要找到可以代替传统天然原料的合成化学原料，然后将这种原料制成的粉末填入金属模具内按照一定的要求进行压制，再将压制出来的成品入炉烧制。这就有些像是做年糕，要将陶瓷粉末挤压成型后再压实，仅这一过程就需要从早到晚忙活一整天的时间。接下来还必须把压实的陶瓷粉末移入炉窑，设定相应的温度，然后研究在烧制过程中烧制品是如何收缩、形状又是如何变化的。在完成一整天像这样的辛苦工作之后，我整个人全身上下都会落满厚厚的一层粉尘。

陶瓷粉末都是通过在研钵中研磨，或者球磨机粉碎得到的，而清洗这些设备的工作也同样充满了辛劳。由于在生产下一批原料时，生产设备中若遗留哪怕一丁点儿上一批原料的碎末，都将导致无法取得正确的实验数据，因此就必须将相关设备彻底清洗干净。但是这些粉末又极难清理干净，所以一天到晚我全身都是黏黏糊糊的，脑袋更是被粉尘染得雪白，让人难以忍受。年轻的时候，我每天做的就是这种近乎苛酷的 3K 工作。

虽然我有时也会向那些给我做研究助理的部下发出各项指示，要求他们“从早到晚一直进行压制成型工作”，或者“去给我盯牢这个炉窑”等，但是发号施令的我本人却对这些研究工作毫无兴趣，只会一天到晚抱怨：“我明明想去做有机化学方面的工作，可是却没有办法顺利实现自己的这个心愿。”

总而言之，当时我的工作积极性只能算作零，甚至说是负数也不为过。在这种情况下，我所主持的研究工作自然也就不可能会取得什么成效。

◆让京瓷能够大获成功的原动力

后来我终于内心发现，意识到长此以往自己的工作将无法继续，为了摒除一直以来的消极和惰性，改变自身心态，我决定开展一项活动，这项活动后来也成为最终使得京瓷大获成功的原动力。这项活动就是，我开始每天晚上都把我的助手们召集到一起，我自己当老师，从最基础开始给他们上与陶瓷材料相关的课程。这个行动，实质上正起到了让员工获得工作动力的作用。

在这些课程当中，有一节是关于助理们每天都必须进行的压制成型操作。由于陶瓷粉末之间都充满了空气，因此当我们把陶瓷粉末装入金属模具进行压制时，空气就会从凸模和凹模之间的缝隙处排走。随着粉末间的空气不断受到排挤，陶瓷粉末也就得以最终固化成型，而在这个过程当中，陶瓷粉末会顺着空气的流向形成一定的层流（低速流动的黏性流体所显现出的层状流动现象）。但是由于陶瓷粉末全都是纯白色，因此靠肉眼无法识别这些粉末的运动状况。为了说明这个问题，我将这些粉末染上各种颜色，再将各色粉末按层铺好，然后进行模拟压制以进行展示说明。

这就恰如在研制飞机时所做的风洞实验一样。在鼓风的同时，研究人员为了了解气流通过机翼时的运动状况，会在鼓风机送出的风中夹杂烟雾。我使用的实际上是类似的方法。通过这种方式，众人就能够观察到在完成压制成型的过程后，陶瓷粉末并不在原有的位置上，而是进行了一定的移动。

然后，我就会进一步向助理们说明：“我每天都会要求你们大家一成不变地压制完全一样的陶瓷粉末，你们心里或许会纳闷，为什么我要你们做这种辛苦乏味的工作。实际上，我要你们这么做就是为了调查陶瓷粉末在压制时的移动状况。”当时还没有液压机械，我们都是利用重力设备进行压制工作，有一名助理甚至因此练就了一身媲美健身运动员的肌肉。我在这些人面前，就像一名大学老师一样进行授课。

◆“这是一项具有世界水平的研究”

虽然当时还没有3K这个词，然而我还是会向我的助理们说明：“虽然我每天指派你们做的工作是很脏的，但是这项工作却代表着行业的未来方向，是一项重要的科学研究。”

“我们现在所做的这些实验由于过于乏味，因此专家学者们也就都对其敬而远之。然而，如果不了解粉末在压制时的动向，就无法生产出合格的陶瓷材料。尽管如此，那些聪明透顶的专家学者们却因为不愿意染指这些肮脏的具体操作和实验而躲得远远的。

在陶瓷学的教科书上会写明将不同粉末混合压制后所能够

得到的产品。但是如果不清楚粉末在混合到一起后会产生怎样的变化，也就无法利用这些混合粉末来制造产品。虽说都是混合，然而不同气体之间可以很容易地就实现均质混合状态，液体也同样能够实现均质混合状态，但是粉末状物体却无法实现均质混合状态。作为粉末状物体，只可能存在非均质的混合状态，因此粉末物体工学的第一道大门就是研究粉末状物体所能够达到的最大均质混合度。

由于现在没有任何其他人在进行这方面的研究工作，因此我们的工作可以算得上是一项极具学术价值的挑战。如果最终能够将结果整理成论文发表，必然会在全世界引起反响。”

我的助手中，曾有人表示过“想要辞职回家”之类的抱怨，于是我就专门找到这些人，反复向他们说明“这是一项具有世界水平的研究”。

所以，企业的经营者需要将员工所从事的工作和研究的重要性不断向他们进行解释和说明。如此一来，就能够让员工转变态度，认识到“这显然是一件意义重大的工作”，并为之“竭尽全力、拼搏奋斗”。

对于那些负责营销的员工也是同理。如果企业经营者仅仅只会在口头上对他们发出命令，“你去把这个产品卖掉，去把那件事办妥”，这将无助于激发员工的工作动力。经营者必须向手下负责营销的员工充分解释清楚，销售相关的产品对社会、对本公司会有怎样的意义，以及对员工本人又将会有怎样的意义。

你刚才说自己公司从事的是“具有极端 3K 性质的业务”。但是我认为，首先你自己就必须构筑好公司现有各项业务和工作的存在理由，树立企业经营的大义名分，进而再向属下员工广为宣扬。如果不能做到这些，也就不足以担负起公司负责人的职责。

【经营问答六】

在企业刚刚摆脱赤字困扰之时，员工情绪突然爆发，我们应该如何应对

- **问题**

我们公司是一家销售冲压模具零部件的商社。在生产制造汽车、家电产品，以及手机时，各种模具必不可少。我们公司就是一家向汽车制造厂商、家电厂商，以及与它们相关的企业提供生产各种模具所需要的零部件的企业。我们公司的年度销售额是18亿日元，员工总数37人。

我们公司是我父亲于昭和40年代（公元1965～1975年间。——译者注）创建的。从公司创建之初开始，得益于日本经济的高速增长，公司业绩得到了顺利地增长。在我35岁那年，由于父亲的急逝，我接过了公司的经营大权。之后由于相关行业整体的繁盛，使我们公司在销售额和利润率两方面都继续得以实现稳步上升。为了把业务扩大到全日本范围，公司还在静冈和滨松新设了营业所，我自己也开始变得骄傲起来，自诩“我是个有本事的人”。

然而，近年来由于汽车行业开始削减设备投资，加之零部

件通用化的趋势，造成来自各个厂家的模具订单数量开始急转直下，从而导致整个模具行业陷入了前所未有的低迷之中。

我们公司在静冈和滨松新开设的两家营业所因耗资不菲，同时又无法有效扩大销售额而陷入赤字境地。而最初的广岛营业所也因主持工作的负责人对营销工作的松懈，再加上行业整体状况恶化的影响，销售额眼看着一路下滑。

由于无法找出有效的对策以阻止公司销售额的持续下降，三年前公司的最终决算出现了 3 700 万日元的赤字，前年的赤字则达到了 6 300 万日元，从而导致我们公司自创建以来，首度出现了连续两年赤字的状况。我也终于醒悟到，在很长一段时间里，尽管员工们在为公司辛勤努力地工作，但是我本人却光顾着沉湎于青年会议等各种社会活动之中，没有为公司做过任何贡献。我几乎就没有亲临过静冈和滨松的两家营业所，更别谈对营业所所长们的工作进行具体的指导了。对于广岛营业所存在的问题也没能及时发现，完全是放任不管的态度。有鉴于上述这些问题，可以说我是一名不合格的经营者。

在终于意识到了这些问题之后，为了让公司重新振作起来，我积极地投入到了公司的经营管理之中，亲自对员工进行指导，与此同时也努力加深与员工之间的沟通与交流。我在公司内部推动了营业所的撤除与统合进程，进行了公司人事制度和物流方面的改革，并对人员配置做出了相应的调整。在这过程中，我越来越感到自己以前的失职和懈怠，以及公司员工们任劳任怨为公司发展所付出的诸多努力。于是，我公开向手下的员工们为自己以前的错误表示道歉，并向他们力陈自己回到原点、从零开始的决心。

由于连续两年运营出现赤字，因此公司在资金调集方面遇到了梗阻，陷入比较困难的状态。我意识到，之所以会出现这种状况，完全都归罪于我自己当初埋下的恶果。因此在寻找办法、打开局面的过程中，我丝毫没有触及员工的工资和奖金。与此相应，公司员工们在感受到公司现在面临的危机感的同时，接受了我对于自身错误的诚恳道歉，认可了我所做的反省，大家每天都加班到深夜，与我共同努力，以求渡过难关。

最终，在当前这种低迷的经济形势下，我们公司本年度实现了销售额 15% 的增长。与此同时，通过营业所的撤除和统合等措施，公司各项支出得以下降，从而实现了约 2 000 万日元的利润。虽然利润率目前尚只达到了 1% 的水平，还远不能算作是稳定的经营状态，但是一想到公司能够在如此短的时间里就重新振作起来，我心底就充满了对公司员工们的感激之情。

但是，企业经营又实在是一项充满困难的挑战。或许是因为终于实现了盈利目标的安心感所致，员工们的意识也开始出现了微妙的变化，在公司内部不断显示出各种不满情绪。由于对营业所进行了“统撤”改革，因此负责营销的人员抱怨“人均工作量大幅增加，使得负责营销工作的人疲于奔命”；辅助营销部门的员工也同时抗议“整日陷于繁重的事务处理中，每天下班时间被拖延，失去了个人的自由支配时间”；还有一些管理干部由于新人事制度的改革而失去了职务，工作积极性也因此受到了打击。以上这些问题不仅导致员工不满情绪的逐日上升，同时也造成了员工之间人际关系的裂痕。

尽管我也想改变这种现状，但是公司现在好不容易才盈利，不可能轻易地增加人手、减轻现有员工的人均工作量。然而如果继续维持现状的话，又有可能给员工造成沉重的负担。并且，虽然员工们都为公司业绩的重振付出了努力，可是公司却又无法向他们支付高于现有水平的薪酬。目前公司员工们尚还能够对此表示一定程度的理解，但是如果不通过一定形式解决现在这些问题的话，我相信将难以继续维持公司员工的积极性。

目前，我在公司里正在做的事情就是，与每一名员工进行面对面的谈话，倾听他们对公司现状的不满和问题点，然后尽可能地予以解决。我觉得在向员工们展示远大目标之前，更加重要的是，必须首先处理好眼前的问题，以便让公司在确保利润方面变得更加稳定。

但是我现在感到非常迷惑的一点就是，在这种状况下，怎样才能使公司员工继续保持高昂的士气，积极投身到工作之中。希望能够得到稻盛老师的宝贵建议。

● 解答　描绘梦想，揭示更加远大的目标，并同时做到率先垂范

◆实现盈利只不过是重新回到起点而已

从你的叙述中可以得知，你从一开始进入你父亲创办的公司起，似乎是依照你父亲制定的经营路线管理公司，从而实现了公司业绩的顺利增长。然而你的公司事实上只不过是借助了日本经济高速成长的浪潮，受惠于日本各相关产业快速发展所催生的需求，才使得公司得到了发展。但是你本人却误以为这些成绩都应归功于自己的经营能力，只是等到公司的经营状况发生恶化后，你才如梦初醒，意识到自己当初不切实际的自信。然后你对手下的员工表示了真诚的反省，从而赢得他们的协助，为了重振公司而共同奋斗。与此同时，你也亲自上阵，在公司内部展开了一系列的改革措施。在经过了这些努力之后，你的公司终于起死回生，在今年度实现了1%的利润。

虽然你最终意识到了自己作为一个经营者的失职，毅然向员工们作出了“我非常对不起大家，从今往后，我将会认认

真真地全身心投入公司工作”的宣言，并着手推动各种内部改革，让公司经营终于出现了起色。但是这只不过是重新回到了起点而已。也就是说，作为一个经营者，你只不过是从不合格上升到刚好合格的层次，但是还不能算作是一名优秀的经营者。

你站在现在这个起点上，虽然已经深刻反省、审视了自己必须要做的事情，但是却还没有向你的员工们清楚地表明公司今后的梦想与目标，也就是接下来你打算如何来塑造这家公司。

由于你们公司之前一直陷于经营赤字之中，因此你一直在努力向员工们发出的诉求都只是“赤字使得经营情况恶化，公司很有可能因此倒闭，所以必须要让公司实现盈利”。这就导致当公司实现扭亏为盈后，员工自然会由于已经实现了盈利的既定目标，开始变得松懈下来。然而竭尽全力扭亏为盈，只是企业经营的底线，并不能以此作为企业经营的最终目标。

迄今为止，你都完全遵循着你父亲当年制定的公司经营方针，在没有树立任何新目标的情况下就已经实现了18亿日元的年度销售额，看上去情况似乎还算不坏。但是你本来早就应该进行调查研究，明确自己公司存在的意义和目的。不管加工任何零部件，模具都必不可少，它是制造业的关键设备，而你们公司正是担负着供给模具这样的具有重要社会责任的工作。

你必须要向你公司的全体员工发出宣言，明确自身作为一家供给模具部件的销售公司，今后你想让公司得到怎样的发展，能够为客户提供怎样的产品和服务。与此同时，日本的模具产业的市场规模超过了一万亿日元。在这之中，具体确定你们公司至少需要抢占的份额，并且你还要向公司员工具体指出，你们公司应该能够实现100亿日元的销售额。

◆公司是员工幸福的基盘

为什么我会这么认为，这就要从我以前曾经向大家提到过的自身经历说起。在我27岁那年自己出来创办京瓷时，我当时的目标是要“让稻盛和夫的技术问世”。但是后来在招入新员工后，我却被这些员工追问“公司打算要怎样来维护我们未来的个人生活”，这不禁让我感到愕然，甚至想到：“我原本打算是为了让自己的技术昭示天下才创办的这家工厂，没想到却需要雇用一堆与我毫无关系的员工，我还必须得照顾到他们的个人生活。这也真是太过分了，早知如此我不如不开这家工厂！”

可是当时已经是木已成舟，我也没有任何别的选择。因此也就是从那时起，我将京瓷这家公司存在于世的目标重新定位为，要让所有员工都能获得身心两方面的幸福，并将这个目标一直延续至今。

我一向都会对自己的员工坦言："京瓷这家企业就是为了能够让包括我本人在内的所有成员都获得身心两方面的幸福而存在的。因此京瓷也就必须要成为一家能够确保高收益的、在遇到任何危机时都无须靠解雇自己的员工来渡过难关的企业。如果无法做到这一点，那么也就无从保证企业员工身心两方面的幸福。为了实现这个目标，我自己就首先已经做到了身先士卒，拼命工作。如果你们大家想要让自己的生活获得保证，确保自身的幸福，那就请向我学习。如果有人对此感到无法接受的话，那就请立刻辞职离开。为了让企业所有员工都能够获得幸福，大家就必须要与我一道，同舟共济，共同努力！"我相信我的这一席话对于你和你的公司也同样适用。

你需要能够向你的员工吐诉你心中对自己公司的梦想和目标，告诉他们："我想让这家公司成为你们所有人获得幸福的基盘。虽然公司现在已经能够实现稍许的盈利，但是这个基盘还不能算得上牢固。为了让这家公司变得更加坚实可靠，我们必须进一步提高销售额和收益率，将其打造成为一家足以让所有员工都能够安心托付自身命运的公司。因此，为了实现这个目标，我将带头努力工作！"并以此来获得公司员工的认同，激发他们真心追随你的激情，改变他们现在所秉持的消极心态。

◆经营者不可迎合员工

当企业实现盈利后，就立刻给员工加薪；员工一有任何抱怨，就刻意迎合员工，为之所动，这些都不属于一名称职经营者的做法。并且这些做法也无助于改变员工心态、改善他们的工作态度。

你真正需要做的事情就是向自己的员工描绘梦想，揭示目标；向他们指出，你不能做出上述这些决定。因为如果大家仅仅就满足于这类事情的话，那么公司就不知道什么时候会再次陷入赤字，并最终垮台。

你完全可以就从你现在所处的状态重新开始。现在的你是"零"，曾经一度下跌到"负数"的你重新回归到了"零"，再次踏在了起点之上。你现在必须不断向前进发，所以面对自己的员工，你一定要做到率先垂范，发出"我本人带头投身于工作之中"的宣示。

你是一位能够进行坦诚反省的人，因此我相信只要你按照我上面所说的去付诸实践，就必然能够取得你所期盼的成功。所以请你务必努力！

【经营问答七】

如何让那些难以认同企业经营理念的员工产生凝聚力

- 问题

我们公司是一家由多家蔬菜水果批发商合并组成的蔬菜水果批发销售公司。目前的年度销售额大约为200亿日元，中介手续费等公司利润收入大约为20亿日元，其中纯利约3亿日元，公司员工将近100人。由于在合并之前，各家都负有高额赤字，因此公司在起步之初曾经遭遇过经营困难的局面，我父亲担任公司的总裁后，通过不懈的努力，终于战胜了危机，让公司经营走上了正轨。

我本人在大学毕业后，先到位于东京筑地的蔬菜水果批发市场工作了两年，然后才进入我们公司，直接参与一线的营销工作。由于我父亲又兼任着本地商工会所会长一职，各种应酬繁忙，因此当父亲不在公司的时候，公司上下的事务基本上都委托给一位堪称父亲最得力助手的副总裁进行打理，我在工作上也从副总裁那里受教颇多。

在我进入公司十年后，那名副总裁过世，于是我接任了副总裁的职位。但是从那个时起，公司就开始不断有人辞职，并且还发生了员工徇私舞弊的事情，这些都让公司经营受到了严重的影响。我对此进行了深刻的反省，并认识到，导致这种情况发生的根源可以归纳为以下几点：一是公司管理层的干部们都要年长于我，使我缺少必要的慑服力；二是公司经营管理方面还存在着一定的问题；三是我本人的威望还有所欠缺，并且自身在工作中也不够努力。有鉴于此，我意识到，自己只有通过以身作则、带头勤奋工作，才能最终赢得公司员工们的认同。于是从那以后，我每天都早出晚归，亲自到基层，与第一线的员工共同工作。加之我父亲当时还健在，因此经过半年时间，公司内部的各种问题终于得到了妥善解决。

后来，我父亲也离开了人世，我接过他的担子担任了公司总裁，不过公司并没有因此而产生任何动荡。为了加强自己的经营管理能力，成为一名像父亲那样深孚众望的经营者，我选择到盛和塾接受培训。在完成盛和塾的学习后，我回到公司进行了以下的各种实践活动。

第一，明确经营理念。

由于公司以前的经营理念显得有些不切实际，因此我当着公司所有员工的面宣布："我们公司的目标就是要让所有员工都能获得身心两方面幸福！"

第二，通过公司联谊聚餐会的形式加深与员工之间的沟通交流。

我尽可能地利用公司发奖金、每月开部长级主管会议、公司举行联欢活动，以及有时邀请基层员工一起吃饭的机会，向大家宣讲我在盛和塾学到的东西。我告诉他们：“我们也要成为本地区最优秀的公司。大家要把每年创造10亿日元的纯利作为大家的共同目标一起努力！”

第三，让骨干员工们拥有经营者的自觉性。

因为公司部长级以上的管理人员全都比我年长，所以为了培养公司下一代的管理干部，我选拔了八名三十五到四十岁之间、能力突出的员工，组建了第二梯队。针对第二梯队的成员，我以“提高心性”为主题进行谈话，为公司制定未来的方向和目标，并在全公司范围内进行宣扬。

就这样经过一年的尝试之后，我想大家应该多少都已经能够理解和认同我的理念，于是在公司内实施了员工民意调查。可是没想到获得的结果却出乎我的意料，都是些诸如此类的怨言，“总裁现在变得像是在搞传教，我们希望总裁还是要像一个总裁的样子而不是教主”，“虽然总裁说要让所有员工都能获得身心两方面幸福，可是我们的处境却是越来越糟”。尤其是那些在公司已经工作了10年左右的员工更是怨声载道。

员工如此不满的主要背景在于，我们这个行业整体从国外进口的新鲜和冷冻蔬菜的品种数量不断增加，流通渠道日趋多样化，最终导致全行业的竞争越来越激烈。为此，员工需要从早上四点半一直工作到傍晚七八点。员工连休息日都很难保障，在这种员工连周末都从下午必须到公司上班的苛刻工作环境中，每名员工的工作负担都在不断增加。因此员工才会抱怨，认为“总裁虽然满口‘要让销售额最大化，成本最小化’、‘要比任何人都勤奋地工作’，但是我们的工作时间和工作环境却越来越恶化，这又何谈什么身心两方面的幸福?!”

虽然我试图向公司员工们说明“我们如果能够寻求在工作中获得人生和工作的意义，那么大家在为公司创造利润的同时，还能够确保自身获得经济上的稳定和心灵上的幸福。因此大家应该任劳任怨，全力以赴地投身到工作之中”，然而，却依旧难以获得他们的理解。之所以会这样，一个原因在于大家不满我要改善工作条件的承诺仅仅停留在口头上，另一个原因则是我无法令大家相信，提高生产效率才是有助于创造利润的源泉。

我本人现在认为，或许应该探索更加有效的工作方式，优先改善员工的工作条件。然而，在当前经营环境越来越严峻的形势下，公司想要发展壮大，企业就需要确保员工的凝聚力，使所有员工紧密地团结在一起，共同向前迈进。我相信如果公司所有员工都能够基于“人人为我，我为人人”的信条，充分发挥每一个人的能力，那么这将是一种最理想的状态。所以敬请稻盛老师提出建议，指出如何才能够实现这种理想状态。

● 解答　避免空头许诺，创造一个有助于提高员工幸福度的工作环境

◆付出不亚于任何人的努力应该只是针对参与企业经营的管理人员所提出的要求

从你的介绍可以让人感觉到，你公司的全体员工在公司里充满凝聚力，能够使大家团结一心地投入工作。但是在你的叙述中有一点却让我非常在意。

尽管我本人也经常说“在工作中要付出不亚于任何人的努力”，但是我的这个要求并非是针对普通员工，而主要是针对企业的经营者，以及企业的高层和中层主管这样的、参与企业经营管理活动的专业管理人员。因为在进行企业的经营管理活动时，位于最重要位置的管理人员首先就是企业的经营者，所以我才会对经营者发出“在工作中要付出不亚于任何人的努力”的诉求，然而你却用这句话来要求公司的所有员工。

虽然根据劳动保护法的规定，企业的普通员工每天的工作时间为八小时，但是像我们一些经营者，因为属于专业管理人员，自然就不受这个规定的限制，必须长时间、全身心地投入工作。然而，要求普通员工也和我们这样就未免显得过于苛刻。可是听你说，你们公司的员工都要从早上四点半一直工作

到晚上七八点钟。我虽然对你们员工的勤奋工作不得不表示由衷的钦佩，但还是认为你不应该如此对待自己的员工。

就算企业需要员工工作八小时以上，但是从中小型企业的状况来看，通常最多也只能延长两到三个小时，也就是说，顶多也就让普通员工一天工作十到十一个小时。有的时候确实也会因为业务突然增加，实在无法，需要公司员工必须加班。这种时候，你也可以每周每天选择 20 名员工加班工作十二到十三个小时。当然，公司理所当然应该同时支付更高的加班工资。

如果像你公司现在这样，让员工从早上四点半一直工作到晚上七八点钟，是没有办法让他们保持高昂士气的。而且这种做法也无怪乎员工会抱怨这与身心幸福的要求背道而驰。

付出不亚于任何人的努力不管任何时候，终究只是我们这些经营者应该做到的本分，而普通员工由于受到劳动保护法的保护，经营者必须按照法律的规定来要求他们。企业的经营者应该通过以身作则的方式来感染、带动手下的员工，也就是说，要在企业内部创造一种氛围，让普通员工能够主动意识到“老板自己都这么勤奋，我们也愿意再加一两个小时班来帮他的忙”，从而起到确保员工的凝聚力的作用。

◆通过改善生产效率来确保员工获得身心两方面的幸福

应该承认你还是很成功地将公司维持到了现在。作为一家蔬菜水果批发公司，能够实现我一向主张的10%左右的税前利润，这是非常不容易的一件事情。风华正茂，却又能够组织协调手下那些年长的管理干部们，将你在盛和塾学到的东西付诸实践，并获得傲人的成果，我认为你非常了不起。

不过，既然你已经成功地提高了公司的业绩，那么现在为何不想方设法为你手下那些为公司发展贡献力量的员工做一些事情呢？无论如何都不能允许出现公司业绩的提升不仅无助于员工身心幸福的改善，反而导致员工的工作条件进一步恶化的情况发生。

如果你们由于经手的都是进口蔬菜水果，必须得从早上四点半工作到傍晚的话，就应该实施两班倒制度。不要让员工每天都工作太长时间，尽量缩短员工的工作时间，与此同时，相应提高员工的工作效率。我相信通过提高工作效率，完全可以让迄今为止由三名员工承担的工作减少到两名。要是像你们公司现在这样从早上四点半一直工作到晚上八点的话，员工回家后连与家里人说话的时间都没有。我们自己作为公司的经营者，这样做倒是无所谓，可是要让将近100人的公司员工全都如法炮制则绝对不是长远之计。不过你能够通过民意调查来察觉这个问题，还是非常值得称道的。

你自己也提到了，你感觉目前“或许应该探索更加有效的工作方式，优先改善员工的工作条件”。这种想法完全正确。人在年轻的时候，面对高强度劳动或许还可以硬撑一下，但是随着年纪的增大，人的体力必然会逐渐衰退。因此你们公司的员工中自然会有无法持续忍受现在这种劳动强度的人。我认为你现在应该注重的课题是——探索出更加有效的工作方式，缩短员工工作时间，让他们能够拥有更多与家人相聚的机会。与此同时，努力将公司的工作效率提高 50%。简单地说，就是在不影响你们公司生产的同时，把你们公司的劳动环境完善到与普通公司相同的水平。一直以来，你都努力要将在盛和塾学到的东西运用到自己公司的具体实践当中，并且同时，积极地在公司内部传播推广自己的经营理念，试图创造一个有利于激发员工勤奋工作的环境，可以说你的这些做法都让人异常钦佩。因此我建议你目前就更需要将切实确保公司员工获得身心两方面的幸福作为当前的目标，立刻投入到改进现有经营模式的活动中去！

【经营问答八】

为了强化公司的营销实力，究竟应该重视团队协作，还是注重发挥员工的个人特性

- 问题

我高中毕业之后就进入了一家颇具实力的中型建设公司。在我服务于这家建设公司的期间，我获得了参与修建机场和火力发电厂等大型建设项目的机会，度过了八年充实的时间。

可是后来，当我被配属到建筑公司的技术部后，由于我的科长是研究人员出身，对于基层实际情况一窍不通，因此我俩在思想认识上完全不能达成一致，最终我只得辞掉了建筑公司的工作。之后，我利用在前面这家建筑公司所学到的设计技术，创办了自己的设计事务所，专门从事公共土木工程的设计工作。

由于公共土木工程设计的特殊性，如果完全由一个人来从事的话，获利非常容易。刚开始时，公司仅靠我们夫妇两人再加一名女性兼职员工，就实现了第一年度 2 400 万日元的营业额，在扣除各种成本后，我们的实际收入达到了 1 900 万日元。

然而在日本的泡沫经济破灭之后，公共工程也大受影响，众多同业设计公司纷纷倒闭。在这种逆境当中，我们总算得以幸存下来。现在我们公司的业务内容主要是以公共土木建设设计为中心，从事港口、水库、净水厂、下水处理厂的设计业务。并且为了实现多元化经营，我们也在利用设计时所使用的立体 CG（电脑图像制作）技术承揽影像制作业务。

目前本公司员工数包括子公司在内共有 16 人，年度营业额，母公司为 8 000 万日元，与关联子公司合计为 1.2 亿日元。

我曾一度认为，人数少的设计事务所的盈利性要更高，因此迄今为止一直都维持着家庭式企业的规模。但是自从进入盛和塾学习后，耳闻目睹其他学员所经营企业的成长过程和状况，开始逐渐意识到自己当初的想法存在着根本性的错误。

从三年前起，我们公司开始录用刚出校门的优秀毕业生，在与他们共同探讨梦想和未来的过程中，要让公司得到进一步发展壮大的想法在我心中日益膨胀。为此，我制定目标，要在七年后将公司的营业额提高到 20 亿日元，其中纯利要有 4 亿日元，为此我与自己的员工们约定，要为实现这个目标而努力奋斗。

要让一家现在年营业额只有 1 亿日元的公司在七年后达到 20 亿日元的水平，这在外人看来有些像是痴人说梦，但是我却坚信这个目标是完全能够实现的。

我之所以有这个自信，是因为纵观在过去十年间取得了长足进步的盛和塾学员的企业，仔细研究一下那些营业额在10亿日元以上、50亿日元以下的非制造业公司的情况，就会发现它们都具备了两个非常耐人寻味的共通点：

第一，全部都是注重以营销实力为主体的企业；

第二，在创业之初，这些企业的经营者全都缺乏技术、关系和资金。

尤其令人感到意外的是第二点。尽管这些企业都是在一无技术二无资金的条件下开始创业，然而最终它们都实现了飞跃性的发展。这也就是说，那些获得长足发展的企业的经营者们，在创业之初拥有的仅仅是自身的创业激情。

包括我在内的众多家庭式企业虽然拥有技术技能，以及从父母那里获得的资产，但是我发现这些因素有时候反倒会成为妨碍企业自身成长的重要根源。而上面说的这些企业的经营者们却完全是通过依靠充满激情的营销力就实现了企业的快速成长。

基于以上的判断，我坚信一个家庭式的企业要想进一步发展成为具有一定规模的企业，就必须彻底强化自身的营销实力。幸运的是，我们公司在拓展经营多元化的过程当中利用立体CG技术制作影像的业务大受欢迎，经常被大型钢铁企业和建设公司等企业的网页所采用。

可以预想，今后展示新技术、新施工方法等建筑技术影像的需求将会越来越旺盛，这些影像将主要被用来放到网站上供用户下载或者浏览，也可以刻录在光盘上为企业营销提供帮助。我们正打算要在这项业务方面成为市场开拓者。

为了实现这个目标，我决定抛弃技术人员惯有的、相信“技术万能”的自负，由公司经营者亲自出面，也像普通营销人员一样积极地到市场上去开展营销活动。我手下的员工们也同样显示出了积极向上的态度，他们提出“不能等到经济不景时再加强营销，应该主动强化自身营销实力以渡难关”。

然而我们面临的一个问题却是，我们公司里没有任何人具有实际参与营销活动的经验。作为我们这样的设计公司，一旦第一次能够让客户感到满意，那么之后什么都不用做，订单就会自动找上门。因此迄今为止，我们公司甚至从来没有设置过专门的营销部门。

尽管公司现在是以一种赤手空拳、刺刀见红的方式展开营销活动，但是大家的努力每每都付诸东流，看到那些两手空空、铩羽而归的员工，我开始为自己根本没有正确认识到营销的本质而感到苦恼。

因此，我想要请教的第一个问题就是：公司的营销部究竟应该如一个严整的集团、也就是像军队一样进行工作呢，还是应该尊重员工各自的个性，成为一个自由宽松的部门呢？我感觉营销活动在很大程度上需要依赖具体执行者个人的能力，因此开展营销活动时，首先就需要树立独自的哲学观。希望稻盛老师能够赐教您自身的营销观和营销哲学。

我认为，公司要想实现从家庭式企业向更大规模企业的跨越，就不应该仅仅寄希望于技术实力，还必须依靠全体员工共同参与的营销活动，并且在某种程度上设置像军队那样能够坚定服从上级命令的营销部门。我相信只要能够确立正确的哲学观，然后在此基础上组建一个强而有力的营销部门，那么就一定能够实现20亿乃至30亿日元的营业额。

第二个问题是关于人的个性与营销业绩的关系。

我们公司有一位营销业绩远远高于平均水平的员工。这名员工以前在其他公司工作过，具有营销方面的经验，可以算得上是足智多谋，因此在工作中取得了不俗的业绩。然而这位员工的个性却并不理想，与我们公司上下一致所秉承的理念和哲学观存在着较大的差异，因此在工作中也就难以与公司其他员工做到协调一致。我的打算是，如果在经过充分沟通后，他依然无法认同我们的理念，那么就算是把他辞退掉也在所不惜。但是我也因此产生了一个巨大的疑问，那就是：通过树立正确的哲学观，从而改善员工个性的尝试与公司的营销业绩之间是否存在着关联性？是不是又该从一开始就认定，一个人的个性和品德与他的营销业绩之间并无任何关系？

我希望公司的员工在进行营销活动时，能够通过列举具体的实例，真挚诚实地向外界介绍、宣传本公司的优势、技术实力，以及实际成果。通过这种质朴的营销方式赢得客户对营销人员以及本公司的信赖，然而这样做的关键就在于必须要让营销人员的个性与公司的哲学理念相匹配。因此敬请稻盛先生给予指教，我们如何才能够做到这一点。

• 解答　让具有营销才干的员工深入学习了解企业哲学，将其培养成为公司的中坚力量

◆经营者光靠激情并不足以推动企业的发展

从你的叙述中可以得知，你利用自己在土木工程设计方面的技术，从事公共土木工程设计的工作。由于公共土木工程设计的特殊性，因此你一直都认为，尽量少雇用人员的做法更容易赚大钱，但是你现在却意识到这种“做个家庭式企业就心满意足”的想法完全是大错特错。并且，由于你公司招募到了优秀的员工，因此你现在想要在七年之后实现20亿日元的营业额。这种想法虽然看上去非常不切实际，但是你通过观察盛和塾学长们的企业发展史却发现“那些让自己企业实现了飞跃性发展的企业经营者们事实上只不过是具备了创业激情而

已”。

然而你的这种看法其实是完全错误的。盛和塾那些获得了长足发展的学员的企业并不仅仅是依靠经营者的创业激情才获得成功的。尽管对于企业的发展而言，经营者的满腔激情确实必不可少，但是除了激情外，经营者同时必须拥有超出常人的创新改善和勤奋努力，此外还得拥有异于常人的敏锐感觉，能够发现新思路、新方法，从而创造出崭新的技术和销售手段。

◆切勿满足于现有技术与资产

你刚才提到：“包括我在内的众多家庭式企业虽然拥有技术技能，以及从父母那里获得的资产，但是我发现这些因素有时候反倒会成为妨碍企业自身成长的重要根源。”不过我不得不指出，你现在拥有的技术技能，以及从父辈那里获得的资产等并不会成为阻碍企业成长的要因。事实上，它们反而能够成为推动企业获得发展的利器。之所以这些因素有时会让人感觉起到了阻碍企业成长的作用，那完全是因为企业的经营者自甘满足于这些现有因素而已。例如，经营者因为拥有独门技术而变得骄傲自大，或者由于从父母那里获得了大笔资产，于是感到心满意足，就此止步。换句话说，根源还是在于经营者自身的惰性。

经营者往往因为已经具备了一定的技术和资产，就不思进取，甘于保持现状。许多时候，如果不用招募更多员工也能够赚钱的话，不少人就宁愿选择自己孤家寡人单打独斗。这种思维模式当然比较轻松，但是想要轻轻松松赚钱的想法本身就正是安于现状的证据。

技术和资产本身不会成为阻碍企业发展壮大的要因，真正阻碍企业发展壮大的是经营者得过且过的劣根性。我们现有的技术和技能完全可以成为推动企业发展的重要因素，从父母亲那里获得的资产也同样可以为企业的发展起到关键性的作用。但是如果我们因为拥有了这些因素而感到满足、不思进取、懒惰懈怠的话，那才会成为导致企业无法继续发展的根本原因。

◆万不可信奉“推销至上”的想法

你似乎认为可以“不用在乎技术，只需专注于对外的业务推销”就足以把公司营销做好，这种想法也是大错特错。如果真心想要在对外营销上取得显著效果，就必须先让负责营销的员工认识到，你们公司作为一家公共土木工程的设计公司，相较于其他同行，具备哪些方面的优势，拥有怎样的技术，然后要求他们“以这些优势为武器全力开展推销活动”。并且同样作为营销上很重要的一个关键，如果你们公司无法向客户提供自身独特的、其他公司所没有的服务，那么在营销上也同样难以取得卓有成效的结果。

然而在现实中，你却看到自己手下那些为了公司的营销业务付出了辛勤汗水的员工每每两手空空、铩羽而归，你心中总是感到有些于心不忍。你刚才介绍到你们公司“是以一种赤手空拳、刺刀见红的方式展开营销活动”，可是我从未主张大家要以刺刀见红的方式进行营销活动。就以京瓷为例，京瓷一贯都是通过向客户展示自身的先进技术和优质产品来获取客户的青睐、赢得订单的，而从未只是空口白牙地向客户说“把订单拿给我们吧”。企业如果不能拥有其他竞争对手所不具备的独门利器，就必然难以获得客户的订单。

◆被客户拒绝才正是营销活动的开始

但是，即便拥有其他竞争对手所不具备的独门利器，也并不意味着就保证能够获得客户的订单。你也可能会遭到客户的质疑：“你们一个只有10个人的家庭作坊式的公司，居然想要拿到我们这么大一个规模的公共建设工程的设计订单，简直是有些自不量力。我们一直都只和那些拥有数百名设计人员的大型建筑公司打交道，你们这种家庭式公司在我们这根本派不上用场!”

虽然每年靠零敲碎打地拿到1亿日元左右的订单，养活四五名员工并不是什么问题，但是如果想要每年获得20亿日元的订单，那就必须得先具备突出的技术实力和信誉。毫无疑问，没有人会给一家靠不住的小公司发出大笔的订单，当需要进行大型工程设计时，任何人都只会考虑那些具有一定规模的设计公司。

你们需要四处拜访潜在客户，需要向这些客户介绍并承诺：虽然你们只是一家小公司，没有几个员工，公司老板本人也并没有什么显赫的学历，但是你要详细向对方介绍你们公司拥有什么样的专长和技术，能够向客户提供怎样的服务，各种售后服务也能够做到尽善尽美。也许你们的客户之前都是与其他的大设计公司进行合作，但是你可以恳请对方先拿一点业务给你们做来试试看。当然在推销活动中，这套说词并不一定立刻就能奏效，你们会不断遭到对方的拒绝，但是在我的经营哲学中有一条正是“事业往往只有在绝处才能逢生”。

当负责营销的手下员工在外面遭到客户的拒绝、满腹消沉地回到公司时，作为公司的经营者，你在这种时候就更需要告诫这些员工：“没有必要为此感到难过，我们被对方拒绝是理所当然的事情。像我们这样一家只有十多名员工、一年营业额不过区区 1 亿日元的小公司，在与那些大型设计公司同台竞争时，失败出局有时也在所难免。我要是客户的话，也会由于感到难以轻易相信我们而不向我们这样的公司发出订单。但是我们现在要做的就是凭借我们唯一能够依托的诚意和热情，尽一切可能向客户展示我们的满腔信心、我们所具备的不凡的技术实力，以及我们对工作的认真态度，从而感动对方，拿到第一份订单。切记，被客户拒绝是正常的事情，而我们的工作也正是在这个时候才算是真正的开始，所以不要气馁，要坚持不懈地去勇敢尝试！”

◆杰出的营销人员需要具备特殊的才能

你询问的第二个问题是：公司的营销部门究竟应该如一个严整的集团，也就是像军队一样进行工作呢，还是应该尊重每个员工的个性，成为一个自由宽松的部门呢？

你刚才提到，“我们公司有一位营销业绩远远高于平均水平的员工。他以前在其他公司工作过，具有营销方面的经验，可以算得上是足智多谋，因此在工作中取得了不俗的业绩。然而他的个性却并不理想，与我们公司上下一致所秉承的理念和哲学观存在着较大的差异，因此在工作中也就难以与公司其他员工做到协调一致”。

其实你自己已经给出了答案，营销工作并不是只要确立好一定的哲学理念，然后组建一支严整的集团就能够妥善解决一切问题。营销工作尤其要求具体执行人员具备一定的特殊个性。营销人员在待人接物、言谈举止，以及对于工作的热心程度上的要求与其他部门都有所不同，因此在实际工作中，营销人员是否能够成功获得订单，往往都取决于具体人员各自不同的个性。

◆正是因为“足智多谋”才更需要树立明确的哲学理念

在日常工作中，那些足智多谋的人由于总是忙于谋划算计，因此会与那些将哲学理念看得非常重要的老实人不太合得来。可是老实人却又往往很难争取到客户的订单，反而是那些多少有些藐视哲学理念、将其视若草芥的员工能够获得客户的订单。因此你才会感觉到，个人品性的提高似乎与促进营销业绩、提高工作能力并无多大关联。你的这种感觉事实上是完全正确的。

然而也正是因为如此，才更要让那些足智多谋、能力超群的员工彻底树立并奉行明确的哲学理念。那些在营销活动中阳奉阴违、甚至有时候完全是通过欺诈手段获得客户订单的所谓聪明员工，即便能够获得一时的成功，但终究无法走得更长更远。之所以会这样，正是因为哲学理念的缺失。

作为经营者，你必须态度严正地告诫手下的那些“聪明”员工：“我们是一家以诚为本的公司，你的做法近似于欺骗，因此公司绝对不能容忍。但是又必须承认的是，你的工作能力还是非常出类拔萃的，如果你想让自己的能力能够得到进一步的发扬光大，就首先需要确立自己的哲学理念。”对于那些足智多谋、能力超群的人而言，一旦能够确立自身的哲学理念，那必然是如虎添翼。

◆向有能力的营销人员学习

在经营者布置企业的营销活动时，由于那些不具备上述这种特殊才能的员工往往都属于老实人，因此，一方面可以在要求这些员工牢固树立相应哲学理念的同时，把他们集结在一起，作为一个严整的集团投入营销活动之中。另一方面，还要让这些老实严谨的员工，学习那些具有营销才华的员工在开展营销活动时所使用的各种具体的操作手法。

经营者这时需要向员工们指出“这个人是在我们公司获得最高营销业绩的员工，大家都来学习一下他的工作方法”，然后指派那些具有营销才华的能人上台授课，向公司其他员工详细解说自己是通过怎样的方法和技巧来赢得客户的订单的。

通过这样的方式，可以让公司的大多数营销人员意识到：“光靠一个严整的集团是无法成功获得客户订单的，大家还必须像正在台上传授自身经验的那位同事一样，幽默风趣、吸引并打动客户，这样才能够获得订单。我们真正需要学习的是如何获得客户的青睐，否则就根本无法进行有成效的营销活动。”

综上所述，我认为，企业的经营者要让老实严谨的员工学习并掌握那些个性突出、能力优秀的营销人员的方法和技巧。与此同时，又必须让那些能力超群的员工树立正确的哲学理念。在进行企业的经营活动时，这两者缺一不可。

第三章

如何培养干部

培养共同经营者

● 企业的成长与管理干部

在企业规模不大时，经营者尚能够顾及到企业经营的各个方面，然而随着企业的不断成长，规模的持续扩大，经营者也就越来越难以兼顾到企业经营的所有方方面面。在这种情况下，对于经营者而言，能够理解自身理念，像自己的分身一样来担负企业具体经营职责的管理干部就变得尤其重要。

不管是任何企业，在创业之初都难以保证获得足够的优秀人才。因此经营者如果想要让企业获得持续发展，就唯有在企业内部的员工中培养出符合企业发展需要的管理干部。

• 向管理干部候选人提供锻炼的机会

以我自身为例，为了能够在企业中培养出具备与我相同理念的人才，于是我创造出了被称作“阿米巴经营”的企业经营模式。所谓阿米巴经营，就是将整个企业划分成被称作阿米巴的小规模集体，并且允许这些集体通过独立的核算制度进行营运。这些小集体负责人的任用，我都是挑选那些即便经验并不丰富，但却认真踏实，具有培养前途的企业员工。任命他们为阿米巴集体的负责人，并配属一定人数的下属。在此基础上，我会告诉他们：“你从今天开始就正式成为这个阿米巴的负责人。你要像你这个阿米巴集体的总裁一样，担负起获取订单、督促生产、进行成本收益核算、管理人事等所有方面的职责，使你的这个组织能够得以维系和发展。”

阿米巴的负责人在得到选拔、提升并担负自身阿米巴组织的领导工作后，立场也就从以往一名普通员工的“要我做”，转而成为一名组织领导者的“我要做”。即便他们所管理的组织规模很小，但是作为组织负责人，他们依然必须得管理维持好这个组织，因此也就不得不制定相应的工作计划，并全力以赴将其实现。并且在实现组织目标的过程中，阿米巴组织的负责人还得不断想方设法鼓舞部下士气，并给予必要的指导，因此这也有助于锻炼阿米巴负责人的领导能力，使其得到长足的进步。

企业的经营者在通过上述这种方式培养企业未来管理干部时，切记不能只是向阿米巴组织的负责人委以权限，然后就放任不管，而是应该对这些部下时刻进行严格督导的同时，又要给予真切的呵护和关心，在他们走向企业管理者的成长道路上保驾护航。这样，企业未来的管理干部就必然能够与企业领导者之间产生骨肉相连的认同感，培养出志同道合的共同意识。

像这样在为企业的后备干部人才提供平台，让他们获得锻炼机会的同时，我也花费力气向他们宣讲工作的意义，让他们能够充分认识和理解：作为领导者所需担负的任务和使命。我正是像这样，通过在平时指导培养那些企业的干部后备人才，使其具备与管理负责人相匹配的品性的同时，又给他们提供能够充分施展才能的平台，从而为企业培养出具有经营者意识的管理干部。因此也就是说，企业各部门领导者作为个人所获得的成长，最终必将有助于提升整个企业的业绩。

对于企业而言，能否在自身内部培养出堪称企业管理干部的人才，正是决定了一家企业是否能够获得长足发展的分水岭。

【经营问答九】

当企业获得进一步发展时，经营者应该如何处理好与资深员工的关系

● 问题

我们公司最初经营的是酒吧业，后来进行转型，现在主要从事的业务是回转寿司店，一年营业额约为1亿2 000万日元。

在拜读了稻盛先生的《提高心性，拓展经营》一书，并聆听了稻盛先生关于经营的演讲录音带后，我心中感慨万千。在每天都仔细倾听稻盛先生录音带的过程当中，我开始思考自己又应该去攀登一座怎样的高山，也就是说，我应该如何打造自己的公司。为此我首先设立了一个目标，要将公司的年度营业额提高到100亿日元。并且我在接受饮食业培训的时候，有机会见到一些年度营业额达到了100亿日元的企业经营者，在与他们进行接触后，我开始相信这个目标并非高不可攀。我对手下员工表明了这个想法，并且努力争取得到他们的认同。

但是，从我一开始向公司员工明确这个目标之后，就与一位从公司创业时就开始与我并肩打拼至今的资深员工产生了隔膜。出现这种状况的根源或许是由于我制定了较高的目标，因

此要求也就变得更加严格。我本来就一直对这位资深员工的能力和理念心存不安，但是最近以来这种不安感变得愈加强烈。

这种不安感的具体根源之一就是这位资深员工在领导能力上有所欠缺。尽管他对工作也非常热心，但是却无法为部下和客户的利益积极主动地采取行动。尽管他也能够认真对待被指派的工作，但却不是那种会主动动脑筋、想办法拓展业务的类型。我自始至终都在告诫他，在努力工作的同时，要想成为一名领导者，更重要的是需要在工作中思考。

根源之二则是，我的这名部下无法体谅他人的感情，或者也可以说他根本就不想去体谅他人的感情。我感觉这也许是因为这名部下对他人缺少应有的体谅的缘故。每次我提醒他需要加以注意时，他虽然口头上总是会承认“确实我有这个问题”，并且承诺“以后一定会注意并加以改正”，然而最终却依然毫无变化。因此我不得不说，他作为一名公司的经营者，多少还是有些不太称职。

我认为，人和人之间在能力上并不存在着根本性的差异，存在差异的关键在于每个人对于工作的“认识态度”。或许是由于我本人缺少足以激发我这名部下的斗志、赢得他真心认同的器量。尽管我以前也曾经试图通过言语来对他进行激励，但是到最近，我对他的态度变得越来越严厉，而他似乎也背着我开始破罐子破摔了。

下一步我准备亲自去公司新开设的店铺指导工作，但是同时又在为是否要将现有店铺委托给他和另一名主任进行管理而烦恼。事实上其他员工也已经对此发出了不安的声音。

我本来打算让这名与我并肩创业至今的部下，同样能够享受到身为一名经营者的喜悦。虽然他本质上没有问题，但是要让像他这样一个不符合经营者要求的人来主导店铺经营，我又不知道该如何处理是好，因此希望能够得到稻盛老师的指教。

• 解答　搭建经营管理的基本框架，为多店铺运营做好准备

◆企业成长期的烦恼

这是一个当企业规模扩大时必然会遭遇到的问题。

尽管你认为自己的部下们在能力上并不存在极端的差异，只有在对待工作的认识态度上各有不同，但是事实上，人与人之间在能力上确实存在着明显的差异，你之所以不愿意承认这一点，应该是源于你对自己下属们的温情。

你在开始学习我的书籍与演讲录音带之前，虽然已经在经营酒吧和回转寿司店，但是却从未认真考虑过自己将来想要拥有一个怎样的人生。从这个角度思考的话，那些与你从创业当

初就一起打拼至今的员工想必也都是与你当时的心胸抱负所相匹配的人。

然而，现在你的思想却发生了根本性的转变，“不再只满足于开设回转寿司店，而要以年度营业额达到100亿日元的餐饮企业为目标，拥有一个截然不同的人生”。你将自己的这个理想公示给自己的员工，并激励大家为实现这个目标而共同奋斗。但是如此一来，从创业之初就一直跟随着你的一名部下却显得有些难以依靠，因此你不得不花费精力向他解释你的想法，要求他为此做出改变。

但是遗憾的是，对方却无法及时地做出回应，展示出与你相同的改变。关于这一点，就有些像日本俗语里形容夫妇关系的说法“破锅配漏盖”（中文“不是一家人，不进一家门”之意。——译者注）。当初你开酒吧时，招募的自然就是与你当初做的行当相符合的员工，也就是说，一口破锅与一个尺寸相符的旧锅盖才是最般配的。

可是有一天，这口破锅突然奋发而起，不再满足于被修补好，甚至要重新回炉铸造，变身成为一口更大的、100亿日元的新锅。对于这口崭新的大锅，当初配的那个破盖子显然也就不再般配了。

虽然你现在满腔热情地想要说服对方，“再来当这口锅的盖子吧！”可是对原来的那个旧锅盖而言，不仅不可能积极对待你的这个要求，甚至会因为这个要求对一个旧锅盖而言显得过于苛刻而招致他的不满。

你能够主动想要变身成为一个 100 亿日元的锅，这代表了你自己的心胸抱负，而对方却拒绝与你一同改变，这也代表了对方的心胸抱负。以你自己为例，在不需要任何人督促的前提下，仅仅只是因为读了我的书，听了我的演讲录音带，就决意要进行自我变革，但是你的那名部下在经过你反复劝说后却依然置若罔闻。也就是说，一个人会具备怎样的行为和思想，往往都是由这个人的心胸所决定的。

◆确立好足以维系店铺经营的管理架构

那么你现在又该如何抉择呢？如果你决定自己去主导新店铺的运营，但是又对把现有店铺交给刚才你说的那名资深部下和另外一名主任管理感到不安的话，那么你就应该从符合利润成本核算的角度，确立好能够维系现有店铺正常经营的基本架构。

具体做法就是：首先，分门别类地将回转寿司店的所有管理项目都整理出来，然后全部予以书面化。比如在店铺的利润成本核算方面，将损益计算表的所有项目都清晰地列出来，明确好在店铺获得一定营业额的情况下，为了确保盈利，作为原材料的鱼鲜购入成本开销、人力成本费用，以及光热水电费等各种支出，都各自应该控制在怎样的一个幅度之内。从而以这种方式确立好足以维系店铺利润成本核算的管理架构。

其次，还必须建立能够监督检查上述这种经营架构是否得到切实执行的体制。比如以 10 天为一期限，逐一复查这 10 天的详细营业额、原材料成本开销、各种相关支出、人力成本费用，以及具体利润等。并且还必须确认账本上的数字与实际现金是否一致。在建立好这种监督检查体制后，以此为基础，你在一定期限内，亲自予以认真仔细的具体指导。

总而言之，在确立了这样一种维系店铺经营的管理架构之后，你的部下即便在能力上与你相距甚远，但是依然能够确保你所制定的经营体制得到贯彻执行。并且只要依靠这种管理架构做到严密督导经营的实际状况，就应该不会产生大的问题。在此基础上，你也就尽可以安心地去投入到新店铺的经营活动之中。

◆选择副手时需要注重个人品性

尽管你提出的问题仅止于此，但是当把经营目标设定为一家 100 亿日元的餐饮企业时，随着你自身理想的提升，面临的问题也就不再只有这些。你现在的问题是，需要能够获得有助于自己实现这个目标的得力副手。

一个企业的成长取决于企业领导者的器量与心胸，如果领导者心胸狭窄的话，这个企业也绝不可能获得发展壮大。

由于你现在拥有了更大的理想，因此也就希望能够获得精明能干的左膀右臂。为了实现100亿日元营业额的目标，你当然会期盼雇用到优秀的员工，因此或许会决定聘用那些刚从大学毕业的新人。在实际雇用后，就会发现有一些新人非常符合你的要求，但是也正是这些让你感到满意的员工，往往一年不到就会辞职不干。

虽然那些一直追随你的老员工在知识和能力上都有所欠缺，但是由于他们都能够认认真真地顺应服从经营者的指示和要求，整个公司的气氛一直都还不错。然而在引入了精明能干的新人后，这些新人却牢骚满腹，最终在让公司气氛因他们遭到破坏，之后就扬长而去。所以那些头脑聪明、但是品性不佳的员工只会给公司的经营带来困惑。因此经营者往往会感到，还是用老实人比较好，一旦雇用，完全就按照经营者的指示行事，绝不会有任何怨言。事实上我本人也曾经有过相同的经历。

但是，如果你的经营目标是一家年度营业额达到100亿日元的餐饮企业，那么优秀的人才就必然不可欠缺。而之所以这类人才难以在公司内部长久做下去，其根本原因在于，你不是“雇用”了这类人才，而是“聘请”了他们。对于这类人才来说，他们的潜意识是“自己受到邀请并选择同意进入这家公司”。在这种情况下，雇主与雇员的立场被倒置，而这种倒置状态也就决定了你一旦训斥了对方，对方必然会毫不犹豫地立刻选择辞职。

今后在向着营业额达到100亿日元的企业迈进的过程中，你必须选择信赖并尊敬你的人作为自己的副手，但是那些富有才干的人不可能一开始就能够对你做到信赖和尊敬。因此最终还是需要通过你自身的成长和进步来吸引这类人才。

所以在现实中，在公司发展的某一个阶段作为你的副手而被雇用的人才，或许到了下一个阶段就开始呈现出不足之处，对于新的任务和要求，终究需要具有与之相匹配的能力和心胸的人才来承担。

在这种情况下，那些能力欠缺、但是又具有野心的资深部下就会因为自己的发展和晋升受到阻碍而产生不满，而这类人越是老资格，他们的不满情绪越是可能对整个公司的气氛造成严重的破坏。

所以经营者在选择人才时，不管对方头脑如何聪明，必须以是否具备优良品性作为首要标准。即便是自己公司现在急需的优秀专家，如果品性不佳的话，也绝不予以采用。与其雇用这类所谓的优秀专家，还不如雇用那些老老实实的本分人，因为如果经营者只能雇用这类所谓老实人的话，说明经营者也处在与他们相同的水准上。

◆在工作中要会识人善任

我创办京瓷之前，在此前那家企业从事研究工作的时候，有一名只是高中学历的同事担任我的研究助手。他与我一样，通过努力奋斗不断保持着自身的持续进步，最终成为京瓷集团在全球的董事长。对于组织运营而言，必须珍惜重视这类员工。尽管在京瓷集团中也有不少毕业于一流大学、和他年纪相仿的人才，但是他的品性和影响力却是无人可比的。

可是那些从前面那家企业开始就与我一道共事至今的伙伴当中，并不是所有人都取得了和他一样的成就。其中也有人最后仅仅只是在京瓷集团的小型子公司担任个总经理的职务。这是因为我完全是依照各人的能力器量赋予了与之相匹配的职责。

然而，就算是那些最后只是被任命为一家小公司老总的创业伙伴也都能任劳任怨，没有发出任何诸如“从京瓷成立之前我就和稻盛是朋友，我们一起创建了京瓷，可是现在却只让我在家小公司管事，真是太不公平了”之类的怨言。他们反而对现在的工作心存感激，并将其视为获得人生意义的途径而辛勤奉献。正是因为他们拥有如此高尚的品性，所以才能够赢得众人的信任，做好企业的经营工作。

一个人即使能力有所欠缺，只要品行端正，能够持之以恒地为公司努力工作，经营者就应该以情为重，充分发挥这个人的作用。但是，必须注意的一点是，经营者在使用这类人时，终究还是应该指派与其能力相匹配的任务和工作。

对于那些在能力和学历方面并不突出，但是能够长年追随企业领导者努力工作、共同进步，并最终显露头角的员工，经营者必须予以珍惜和重用。

◆要说服资深员工接受后来者居上的现实

京瓷是通过不断开拓更新更重要的事业而一路发展至今的，因此也就会不断在中途半道引进各类优秀人才，并委以重任。但是这在那些资深员工眼中看来，就像是后来者想要更快更早地爬到自己头上似的。这无疑也就容易成为企业内部产生矛盾的火种，因此我就针对企业今后的发展目标向手下那些老员工们作出明确指示：

“京瓷这家公司如果想要继续发展壮大，就必须不断开拓新的业务。对于我们这些一直从事陶瓷业务的人来说，对那些新的业务都是一窍不通，因此我才会打算从外面引进各类专家。

“可是这样的话，就有可能出现这样的状况，那些中途半道才加入我们公司的新人，即使比你们资历浅，却仍然会位居资深员工之上，所以大家必须对此做好心理准备。

“如果你们认为，‘我们大家都是这家公司的创建者，所以不管到任何时候我们都必须当家做主，绝对不能容忍中途才来的外人爬到我们头上，因此公司没必要开拓什么新业务’，我可以就此放弃。但是这同时也意味着京瓷这家公司的发展就到此为止了。

“但是，如果大家觉得好不容易才把京瓷这家公司创建起来，所以希望能够继续把它做大做强的话，那么你们就必须接受中途加入进来的新人位居各位之上的现实。你们不可能一方面希望公司能够继续成长，一方面却又拒绝新人比自己受到更高的重用。要想让公司获得发展和成长，这种现象无法避免。”

听完我的话，老部下们纷纷表示“没有问题，公司要想今后在新的业务上获得发展，就必须引进比我们优秀的专家能人，我们不会为此有任何抵触和不满”。

你的公司要想从现在的这种样子发展壮大到100亿日元的规模，如果每家店铺的年度营业额为1亿日元的话，这就意味着最终需要开设将近100家店铺。管理100家回转寿司店绝不是件轻松的事情，因此你必然需要精明能干的人来当你的副手。

我相信这个问题是那些期望自身企业能够获得持续发展的经营者都会面对的一个问题。虽然经营者如何对待那些与自己同舟共济、一路打拼走到今天的部下是一个困难的抉择，但是如果企业的经营者能够妥善解决这个问题，则必然能够使企业获得更大的发展。

【经营问答十】

如何培养能力有所欠缺的干部

- **问题**

本公司的主要业务是针对发电厂的改进工程和维护提供“咨询建议型工程服务”，创业至今已经有 6 年的历史，公司员工总数 24 人。根据今年度的决算，公司已经实现了 11 亿日元的预定营业额目标。

我本人在大学毕业后，作为一名白领就职于一家电力公司的子公司，后来出于要在世间展示自身能力的愿望，在没有任何背景和帮助的情况下，白手起家创办了现在的这家公司，并一路走到了今天。

电力公司一般只与设备制造厂商和电力公司自己的子公司进行业务上的合作，而相关设备制造厂商也基本上只向与自己有关系的企业、同一个系统的企业，以及这些企业的子公司发出订单。我们公司能够承揽到的业务大多都是从这些电力公司和设备制造厂商的承包商手中以再转包的形式获得的。与此同时，由于这个行业极其重视安全性，因此在寻求合作对象时，客户极其重视合作方的实际经验。

后来，我开始围绕设备改进和新的施工方法等问题直接向电力公司提出建议，而这些建议一旦得到采纳，就意味着我们公司不再需要通过转包就能够从制造厂商的关联企业，或者是从电力公司的子公司那里承揽到业务。最近以来，我们已经能够从一些电力公司那里直接获取相关的订单。

虽然我们身处一个重视山头派系的行业，但是随着日本电费的下调，出于削减成本的需要，这种行业体制也开始出现了松动。在我们公司擅长的缩短设备维护期、延长设备运转天数、实现有利于降低成本的新施工方法等领域，客户的需求日见增长。

在这种背景下，我们本来只是应少数发电厂的要求所开发制定出来的相关改进方案，也变得越来越受到其他发电厂的欢迎和应用。

有鉴于此，我打算将市场营销打造成为本公司的另一根重要支柱。但是，由于我找不出可以全面负责一线管理工作的、既熟悉本公司具体情况，又能够全力以赴投入工作的干部，因此这个想法也就无法付诸实行。

基于本公司是提供工程咨询建议服务业务的特点，因此我要求干部需要精通工程的各个方面。也就是说，我认为本公司的干部应该熟悉并掌握包括设备的改进方案、方案资料的搜集制作、营销、接受订单、设计、招募施工承包商、施工、工程管理等各个方面的内容。

由于我们现在的客户拥有两家发电厂，因此我在公司里设置了第一事业部和第二事业部。第一事业部创造的营业额相当于公司总营业额的75%，剩下的份额都是由第二事业部创造的。每个事业部在运营上都是以一条龙的形式各自承担着针对各自客户的咨询建议、获取订单、进行施工等相关业务。

可是，执掌这两个事业部的干部却在能力上存在着各自的优势和不足。其中一个事业部的负责人工作努力，善于建议咨询业务，能够为自己主管的事业部创造切实的利润，但是他对人却比较冷淡，不善言辞，与客户的关系不佳。虽然这名干部对工作兢兢业业，但却是属于老黄牛似的人，对各种创新态度消极，领导能力也有所欠缺。而另一个事业部的负责人则虽然很受客户的好评，但是由于他的技术能力不足，在工作中也就很难让我做到对他敢于放手。公司里的年轻干部虽然比较优秀，但是由于缺少经验，所以在业务认识和思维方面尚存在着一定的差距。

公司目前所存在的这些问题导致我无法将精力转移到打造公司的第二根重要支柱，以及对扩大公司业务极其重要的研究开发方面。我的想法是，公司干部既然存在着这些问题，作为公司领导者，我也应该亲自予以指导，对那些能力不足的干部，不应该降职，而是应该把他们培养成为从咨询建议开始到具体施工为止都能够全盘掌握的全能型干部。

由于我们从事的是极具专业性的工作，因此现在的这种以一条龙的方式开展工作的事业部制度在运营上倒没有什么难度，不过我还是想是否应该将技术人员与管理人员分开，按照不同业务重新构筑公司的组织架构。但是后来我又担心，如果按照不同业务来进行组织划分的话，虽然可在施工等方面减少人员重叠、消除组织臃肿等，然而与一条龙运营相比，这又会导致各部门与客户之间的分离，从而削弱两者间的亲密度，并导致基层部门出现专业化趋势，进而降低各部门员工在提供建议、拓展营销方面的积极意愿。

由于通过提供咨询建议服务拓展营销是本公司得以生存发展的关键，因此我的打算是，为了让公司干部在所有工程中都能够确保作为工程人员所应有的认识和意愿，我将培养全能型人才作为公司培养干部和年轻员工的基本方针。今后我准备花费精力，亲自指导，培训那些能力不足、经验欠缺的公司干部。

然而现在令我感到有些迷惘的是，究竟如何才能将那些个性不同、能力欠缺的干部培养成为我的得力帮手，从而能够在增强公关能力、及时捕获客户信息和需求的同时，提出相应的改进建议并积极向客户展示。

我希望能够得到稻盛老师的赐教，告诉我们在创办京瓷的过程当中，您自己又是如何培养、组织那些能力有所欠缺的人才的。

• 解答　将公司按照机能进行划分，各自配属与之相应的管理干部

◆针对发电厂的咨询建议型工程服务

从你的介绍中可以得知，像你们这样的公司，只要是从事与发电厂相关的业务，就无法避免沦为电力公司或者设备制造厂商的末端承包商的宿命。在这种大环境中，你直接向作为总发包商的电力公司和大型制造厂商提出设备和电厂维护的改进建议，并得到了对方的认可，因此现在你们公司已经能够从这些总发包商那里直接获得订单了。

你们从事的工作就是“咨询建议型工程服务”。为相关设备的改进提出建议，搜集整理资料，并提示给有关电力公司或者设备生产的负责人。与此同时，你们也为现有设备的维护提供相应的论证方案。你们公司在自己提出的这些方案建议得到客户的认可后，接下来再基于这些方案建议进行设计，招募适当的承包商进行施工，并依照你们的方案对整个工程进行管理。你们公司从开始这项业务之初到现在，不断保持着发展势

头，到如今已经实现了一年 11 亿日元的营业额。

你现在打算将这种咨询建议型工程服务，也就是从方案论证开始，一直到工程管理为止的这些本来由作为公司总裁的你亲自主导的业务，全部交由各个事业部来承担。

然而与此同时，你也深知这种想法具体实施起来并不容易，因此让你感到非常头疼的问题就是：究竟是应该将公司按照机能进行分类、由专门型的管理干部来分别承担呢，还是应该委托给全能型的管理干部来具体承担呢？

◆创业型企业家的烦恼

不管你承不承认，应该说作为一名创业者，你具备了出类拔萃的才能。你在两手空空、没有任何背景和帮助的前提下，作为一名后来者，改变了这个行业惯有的、像你们这样的公司只能成为末端承包商的行业定势，通过提交优秀的方案建议，成功获得了大客户的信赖。事实上，也正是因为你们能够提交出连电力公司及其直接关联企业都无法料及的具有创新性的优秀提案，才会有你们公司的今天。

作为一名创业型的企业家，由于你自身是通过这种方式取得了今日的成功，所以你才会期望组建能够具有同样能力和业绩的事业部门。但是对于一家只有 20 名员工的公司而言，很难招募到像你自己一样精明强干的人才，因此你才会像现在这样感到郁闷。

事实上，我自己也曾经有过与你相同的苦恼。在倾听你的问题时，我不禁回想起往昔的岁月来。当初我也非常纠结：“实在是感到求贤若渴，如果缺少优秀人才的话，企业也就无法继续得到发展。”

然而你要清楚，由于你公司的员工在才能上都要远逊于你，因此想要让他们像你一样投入工作并取得相同的业绩是不可能的事情。

◆将公司按照不同机能进行划分

在你们所从事的业务当中，最重要的部分就是进行各项改进的论证和相应方案的制定，我认为你的才能也正是主要发挥在了这个部分。因此设备改进方案的制定工作应该由你来直接管辖，并且你管辖的这个部门还需要深入到全国各地的发电厂去，调查了解存在着的各种具体问题，并进行资料的收集工作。与此同时，另外一个部门则带着制定好的方案到电力公司、设备制造厂商，以及它们的子公司那里去争取订单。此外，还需要设置一个部门，专门按照争取到订单的方案进行设计规划，雇用其他承包商进行施工，并对整个工程进行管理至终。如上所述，你的公司应该按照方案论证、营销、设计施工管理分成三个部门。

从改进方案论证到施工管理的一系列业务不应该由一名负责人来全盘进行主导，而是应该按照上述的三个不同机能进行分类，并各自委派给适合的人选负责管理。对于那些缺乏营销才能、但是却擅长设计工作和招募施工承包商，以及进行施工管理的老实人，就让他们负责设计施工管理部门好了。而反过来，那些具备营销才能，擅长接受订单的人，则可以让他们去负责营销工作。就像这样，将公司业务按照不同机能进行划分，并依照员工各自的能力和性格，指派承担具体工作的做法非常重要。

作为你们公司客户的发电厂遍布各地，因此，即便按照不同机能指定了各自的负责人，也依然存在着由于地域跨度过大而难以全面掌控的问题。但也正是因为这个原因，要像你现在打算的那样，由一个负责人来全面主导方案论证、营销、设计施工管理等所有流程，事实上是一件不可能的事情。我认为，你应该放弃让一名管理干部负责所有部门的想法，而是将公司按照机能进行划分，培养适合于各个部门的专门人才。

◆在培养出专门人才的基础上，再扩大各自的专业范围

我也曾经和你一样因为相同的问题而烦恼过，最终我的对策就是将公司按照机能进行划分。以你们公司的例子来说，我

会首先在各个部门内对员工进行培训，培养出熟悉本部门业务的专门人才。当这些专门人才在自己所属部门成果显著、进步卓然后，我会再对他们说，“因为你在设备改进的方案论证业务方面已经毫无问题，因此下一步需要你去负责营销以及具体工程方面的业务”。通过这种方式，最终培养出从方案论证、营销、一直到设计施工管理都能够融会贯通、一气呵成的全能型事业部门负责人。

总而言之，经营者需要先将根性不同的员工引导到各自相应的道路上，使之成为本部门的专家。再让那些已经精通本行工作的人才涉足新的领域，一步步地扩大他们的专业范围，通过这种方式，那些能力超群的人才必然能够最终成为熟悉全部业务的全能型管理干部。

至于你所说的那些让你感到有些困扰的干部，虽然关于他们，你已经做出了一些说明，但是由于我并不真正了解其本人，因此也就无从给予相应的建议。不过我认为你可以先在一定范围内给他们一定的授权，让他们成为相关领域的专家，然后再逐渐扩大他们的管理领域，最终使之成为能够承担公司所有业务的管理干部。

【经营问答十一】

如何提高员工参与企业经营的意愿

● 问题

我们公司是一家已经有 67 年历史的有限公司，我本人在 11 年前接替父亲进入本公司并担任总裁一职。现在本公司拥有 8 家洗衣工厂、8 家支店、25 家直营店铺、600 家委托代理店铺，员工总数业已超过了 200 人，业务范围涵盖到了近邻三县。可以毫不自负地说，我们在营业额和业务量上都在本地区雄踞榜首。在我进入公司掌管经营活动的 10 年间，公司的营业额一路保持着强劲的增长态势。

由于近年来日本女性的就业率不断提高，使得全社会对于为家庭主妇提供帮手、代替普通家庭洗涤衣物的洗衣业的需求也在一路攀升。与此同时，由于能够快捷洗涤干洗类衣物的高性能家庭用洗衣机，以及不需要熨烫的高科技纤维面料的衣服已经逐一问世，人们的生活方式也日益崇尚便捷化，因此追求物美价廉的服务自然成为消费者的主流意愿，商家如果不能顺应这种潮流、及时向客户提供恰当的产品，就必然无法得到消费者的支持。

由于洗衣业是具有代表性的劳动密集型产业，工作品质和生产效率都完全由具体操作者来决定，因此这也就不仅要求经营管理者本人提高自身的思想认识，同时还必须在这些方面与员工保持一致，取得共识。

我为了让手下的员工能够与我在理念上取得一致，便派遣员工们去参加各种研修班和学习会，以期让他们获得与我一样的共识。这种做法的目的在于，通过让手下的员工们尽可能多地了解本公司和本行业的现状，从而使得他们对我为公司制定的目标产生认同感，并借此机会让大家能够参观了解同行其他企业，这一点我也认为尤其重要。但是由于这些研修学习同时也必须兼顾到正常工作的需要，因此就只好都安排在员工的休息日进行。虽然我认为这样的研修学习对于员工自身的发展很有好处，因此明确指定一部分员工必须参加。然而现实却是，在这些被指派的员工当中，既有能够主动担负起部门职责、积极参与的人，也有完全是以一种被动旁观的心态消极对待这类研修学习的一类人。至于公司里的年轻员工，就更是以个人喜好为中心，完全以个人私生活优先。

洗衣业当然也存在着激烈的竞争，我们必须在竞争中立于不败之地。为了赢得竞争，如何有效协调公司的正式员工和兼职人员就变得非常重要。因此这就需要让更多的员工能够做到，为了公司的利益甘愿多少牺牲一些个人的家庭生活，结成一个上下一体、齐心协力的团体。

虽然我对手下貌似很威严，但是坦白地讲，我一直都在对自己无法运用正确的方式和语言来有效地对员工进行说服指导而苦恼。但我又不能强求员工们“为了公司，自我牺牲”，因此仅就此点希望能够得到稻盛老师的指教。

当年在我就任公司总裁之初，曾经由于缺乏主见，过于在乎员工的意见，最终导致数名员工辞职。之后我痛定思痛，鼓起勇气要行大善，终于变得能够明确地向员工们表达自己的想法。现在每两周我都会到公司的各个据点召开全体人员参加的地区会议，向众人宣讲将本公司的服务光耀于世的重要性。此外，对于那些不参加研修会的人员，我也打算抽机会和他们进行交谈。尽管现在公司各方面的状况已经有所好转，但是依然存在着诸多的问题，所以恳请稻盛老师给予必要的建议。

● 解答　领导人要以善待手下干部作为切入点

◆不应该要求部下做出自我牺牲

你所想要询问的主题就是：如何才能够让公司员工心甘情愿地为了公司的经营做出一定程度的自我牺牲。接着你说道，“又由于无法强制员工为了公司做出自我牺牲，为此心中感到非常焦虑，希望能够得到指教”，但是我不得不指出你在大方向上已经出现了错误。

虽然你们作为一家从事洗衣业的公司，拥有多家店铺，已经实现了一定的规模，但是你们终究是一家有限公司。也就是说，当你想要让大家“努力工作”时，是没法以“为了让公司老板本人赚大钱，所以请大家牺牲自己的家庭生活”作为理由，提出这种要求的。事实上，你自己也承认无法强求公司员工“为了工作牺牲家庭”，因此我才说你的想法有些奇怪。

京瓷作为我一手创办的企业，是以追求所有员工身心两方面的幸福为目标的。我任何时候都明确地告诉下属员工：“虽然稻盛和夫这个人是京瓷的老板，但是京瓷这家公司的存在却并非是为了让稻盛和夫能够赚钱获利。”

“我是为了包括我本人在内的所有京瓷员工的幸福才创建了这家公司。作为全体员工幸福的坚实保障，京瓷就必须保证健全的经营，创造利润，并一直发展壮大下去。为了让这家公司能够维系下去，大家必须努力工作！”

通过像这样的努力诉求，最终在京瓷的员工中，开始不断涌现出，为了维护这家给自身带来幸福的企业而兢兢业业、努力工作的人。

◆从美国的建国历史感受自我牺牲的意义

听了你的话，我不由得想起了美国这个国家建国的历史，在这里我稍微多谈一下。

众所周知，美国是由最早从乘五月花号开始，不断从欧洲横渡大西洋抵达北美洲的盎格鲁-撒克逊移民建立起来的国家。这片土地上原本只生息着印第安原住民，后来当大批欧洲移民到来后，他们通过不断袭击印第安人，掠夺印第安人的土地，最终建立起了美国这个国家。

也就是说，最初在北美这块土地上只有居民，也就是民众，而没有国家。后来随着民众数量的持续增加，于是形成了社会。社会的形成必然就使得民众产生了对于社会秩序的要求，为此，早期美国人建立的是保安官制度，也就是大家自己掏腰包凑钱聘请敢于面对恶徒进行反击的技术高超的枪手，并任命其为维护一方秩序的保安官。接下来，又制定了陪审员等一系列制度。换句话说，是首先有了民众，然后才组建起了政府。正因为这样，美国的政治才会从建国开始，一直都遵循“民有、民治、民享”的宗旨。

美国人信奉“保卫自己建立的国家，为保卫自己的家园而战斗”的理念。在面对星条旗、对国家宣誓效忠时，美国人的想法也是“美利坚合众国是我们民众的国家。如果我们不来保卫这个国家，就再也没有其他人能够来保卫！”所以美国人才会具有即使牺牲也要捍卫美国的信条，因为我们自己建立的国家要由我们自己来保卫，所以为了捍卫国家，即使付出生命，众人也在所不惜。

◆公司为何而存在？

你不能纯粹因为要维系像自己的公司和经营者的财富这些你个人的利益而要求手下的员工牺牲家庭、献身工作。如果你不能首先明确你的公司究竟是为何而存在，那么也就无从要求员工“兢兢业业地勤奋工作”。

尽管你们公司拥有 8 家洗衣厂、25 家直营店铺，但是由于洗衣工作属于劳动密集型行业，因此在有限公司的经营架构下，也就无法要求全体员工为了工作牺牲个人。

你最多也只能向手下干部们表示：“请大家为了公司的进一步发展壮大而勤奋工作。因为通过大家的努力而创造出的成果，公司最终都会回馈给你们各位干部。”

由于你们公司的员工总数超过了 200 人，其中还包括许多临时聘用人员，或许你无法给予所有员工丰厚的待遇，但是至少在你手下的 8 家洗衣厂当中，每家洗衣厂包括厂长在内的三到四名主要管理干部都属于支撑你们公司经营的重要骨干，此外再加上各家直营店铺店长的话，总人数应该有 50～60 人。

作为公司经营者，你首先应该做的就是善待公司的这些骨干干部们。虽然你感到难以启齿，无法要求他们“为了公司的利益，即使牺牲自身的家庭生活也在所不惜”，但是你只要能够做到善待他们，提高这些干部的相应待遇，我相信这些干部会自发地产生“为了公司，愿意倾力配合”的意愿。

也就是说，唯一可行的做法不是要求对方为公司做出牺牲，而是通过公司领导人对下属的礼遇善待，从而使对方主动愿意为公司做出奉献。因此你一定要做到无微不至地礼遇善待你手下各家店铺的店长，以及各家工厂包括厂长在内的主要干部，以便激发他们对自身职责的荣誉感。只要你不把这些干部们仅仅视作你公司的一介雇员，而能够给予他们相应的待遇，让他们以身为公司的管理干部为傲，那么这些干部也就必然不会辜负你对他们的期望。如果经营者不能首先做到这点，而只会一味要求手下“努力工作”，那么这种做法就应该得到质疑了。

虽然我自己也是一名创业者，但是我从一开始就向众人言明：“企业不能搞世袭制，我不会把京瓷传给自己的孩子或者亲人。”并且在65岁那年辞去了董事长一职，选择了京瓷的管理干部做我的接班人，而我本人则完全退出管理层。正是因为我能够像这样做到淡泊私利，因此才有资格严格要求我的部下们“为了公司全力奋斗”。

而你的公司因为是由你父亲创办起来的，因此如果你真心想要宣布“把获得的利润与全体员工共同分享”，就有可能招致你父亲的怒火，最终甚至被赶下总裁的位子，所以你是绝不敢这么做的。说到底，你的公司是你们家的一个私有物而已。

不过，就算你无法要求手下员工为了你自家的利益作出牺牲，但是至少还是可以向你的员工们发出这样的诉求：“如果诸位都需要依靠在我的公司工作来谋生的话，那么我们公司就必须保持良好的状态。所以请大家务必保持敬业精神，共同维系公司的运转和发展。”

◆经营者要让员工具备敬业精神

“如果我们无法让客户对我们的店铺产生好感，那么我们整个公司也就绝对不可能实现有效的经营，因此为了我们的客户，在有需要的时候，即便是星期天我们也应该加班加点完成客户委托的衣物洗涤工作。假如我们以星期天公司休息为由拒绝客户的要求，这也许就意味着客户在周一将无法及时得到需要穿着的衣服。所以当出现紧急工作的需要时，不知道诸位是否在休息日也能够照样出勤？希望大家能够本着职业精神，或者也可以说是本着对客户负责的态度来做出自己的决定。我不会要求大家为了增加公司的利润而努力工作，只是期待大家能够保持敬业精神，以向客户提供服务作为自身目的而投入到工作之中。”

你必须在公司内部，通过像上述这样的教育，确保那些具有责任感的干部们能够依此奉行。尽管任何经营者都理所当然会渴望拥有热爱公司、具备忠诚心、即便牺牲一些家庭利益也任劳任怨的员工，但是这样的人才往往是可遇不可求。所以作为企业的经营者必须清楚地认识到，只有在自身能够先做到善待员工的前提下，获得这类人才的可能性才会逐渐变为现实。

【经营问答十二】

如何培养具有责任感的干部

- **问题**

我们公司是一家具有 50 年历史、以生产豆类制品为主的食品企业，销售对象主要是超市和批发店铺。我们公司的规模在本行业中可以算是名列前茅。公司正式员工有 200 人，加上临时工，员工总数有 500 人左右。本公司是由我的父母一手创立的，不过现在已经交给了我们这些子女在经营，我的兄长目前担任着公司总裁一职，我是副总裁，我的弟弟则主管公司的财务工作。

作为公司的创业者，我们父母的经营方针主要着重于具体决策上面。也就是说，先于其他竞争对手开发出畅销产品，待到其他厂家也开始追随效仿时，又进一步集中力量开发新的产品，从而确保在本行业中的领跑地位。通过这样的经营模式，我们公司一直成功地保证了 10% 以上的都高收益。然而，由于我们公司在管理上一直都实行的是由老板主导一切的强人经营，因此公司在内部组织能力上也就比较欠缺，很难留住优秀人才。这也就导致我们公司虽然总是能够在行业内先拔头筹，不断率先开发出畅销产品，但是由于营销能力和组织能力的薄弱，最终却总是被后来者反超，无法雄踞业界第一的宝座。而成为本行业第一也便成了父母留给我们这些第二代经营者的使命。

在我们兄弟接管公司后，制定了新的经营方针，并最终使我们公司在营销方针、组织运营、公司形象等方面实现了显著的改变。在公司里，兄长和我并肩协力，实质上是由我俩主导着公司的经营路线，虽然我们有效地稳定了员工的人心，但问题是，公司业绩却依然难以达到我们的期望。

目前，我们公司的年度销售额大约为80亿日元，虽然要比我们接手公司时增长了三倍，但是公司的实际利润却没有任何进步。坦率地说，我们公司的利润率大幅滑落，与行业排头的竞争对手之间的差距事实上在一路拉开。

进入盛和塾之后，我把在盛和塾学到的东西充分利用到了公司的实际经营当中，从八年前开始，在我们公司内部开始实行具有我们自身特色的阿米巴经营。并且在五年前，又将“谋求全体员工身心两方面的幸福”设立为本公司的社训，并将其树立为我们公司的经营理念。此外，从两年前开始，我又在公司全体员工中宣传推广“学习经营哲学，并运用到实践当中，使其与我们融为一体，从而推动企业发展，丰富我们的人生”的理念，并向每一位员工颁发了经营哲学手册，每天在开工前的早会上让员工轮流读诵手册内容，同时还以公司干部为对象，举办经营哲学学习班，并将所有这些活动都一直延续至今。

可是，尽管付出了这些努力，最近这十年以来，我们公司的销售额却依然徘徊不前。我本人认为，出现这种状况的根本原因主要在于，没能开发出足以有效推动销售额增长的畅销产品。如果我们不能尽早改变这种局面，那么实现10%利润率的目标将会遥遥无期。

在我们为公司业绩的停滞不前感到忧虑的同时，公司内部资深干部的僵硬化也日趋显著。因此现在也亟须找到有效的途径，让公司的这些干部产生危机感，改变现有的工作态度。

与此同时，也有意见反映我们公司的总裁和副总裁过于强势，从而导致各级部门主管以及属下员工缺少工作主动性，任何事情都依赖上级的指示。为了改变这种状况，最近以来，作为公司的经营者，我们有意识地花费心思，把各项职责分担给公司下属，同时也将权力下放。当然我们还是无法做到彻底放权，有时候依然会插手下属的管理活动。不过，由于在公司内部实现了改革，对于阿米巴组织的损益实行了独立核算，并且针对全体员工进行了经营哲学理念上的教育，因此在整体上已经能够感受到员工们在责任感和工作态度上所出现的变化。

我们公司在干部更迭问题上，一直以来都由于顾虑到轻易更换熟悉现有业务的干部所带来的经营风险，所以在很长的时期内都没有进行人事变动。我相信正是这种即便无法创造业绩也依旧能够保住自己职位的做法，才导致了公司在管理上出现了问题。所以，虽然有些为时已晚，但是我还是打算今后要大胆启用年轻人才，不再为资历和温情主义所干扰，通过实行奖罚分明的管理手段，重振公司整体的组织面貌。

我感觉，在要求公司干部在理念和行动上实现转变的同时，更重要的是经营者自身必须在行动上率先实现必要的转变。根据我自身的反省，我认为本公司正是由于公司经营者长年的不当经营，才导致公司发展受到了损害。在此，恳请稻盛老师给予您的意见和指导。

● 解答 在向企业干部们宣扬经营哲学的同时，还必须在生产一线接受严格的实践锻炼

◆经营哲学的宣扬是为了培养共同经营者

你们兄弟接手了由父母创办的公司，虽然到现在为止，你们实现了公司销售额的增长，但是公司的利润率却出现了大幅下滑，为此而产生了危机感的你才会选择到盛和塾来寻找解决答案。你在自己公司内部确立了经营哲学，举办了学习班，并

且引进具有自身特色的阿米巴经营，为改善公司的经营状况付出了艰辛的努力。作为结果，你在感受到公司内部人心趋于稳定、公司经营得到一定改善的同时，却又深为公司销售额的低迷和利润率的大幅下滑而感到忧心，你现在所抱有的危机感也正深植于此。

坦率地说，我当初之所以要树立自身的经营哲学，并尽一切所能要让自己的经营哲学理念得到手下员工们的理解和认同，完全是出于我心中的一个目的。

因为我当年是27岁就开始创业，所以最初自己对于经营管理是一无所知，完全是在边干边学的过程中开始了一家作坊工厂的经营活动。尽管如此，由于当时京瓷的规模还很小，因此企业上下只需以我为中心，大家共同努力，就足以维持整个企业的正常运转。

但是随着京瓷规模的持续扩大，员工由最初的28人，变成60人，100人，总数不断增加，公司营业额也一路上升，最终仅靠我一人之力已经无暇顾及到企业的所有方方面面。

因此，我也曾经为如何才能够有效地经营一家规模日趋庞大的企业而深感烦恼。当时我迫切希望拥有“具备与自己相同的工作能力，热爱企业，能够有效维系企业发展的人才”。那个时候，我可是真的想到过，要是自己能够像孙悟空那样，拔撮毛一吹，变出无数分身，然后分别指派“你去负责生产”、“你去负责营销”就好了。

一家企业的经营者，如果不能培养出能够信赖的部下，将企业的不同部门委派给他们进行管理的话，那么当企业规模扩大时，就难以保证正常的运营。可是当时在我的眼中看来，却找不到任何部下能够堪此重任，可以放心地将各个部门的经营管理工作委托下去。以象棋为例的话，那就是我想要的是“车”这样的棋子，但是在现实中，像这样同时具备工作能力和领导能力的优秀人才却几无可觅。当然，现如今可以通过猎头公司到外部人才市场上去寻获这样的人才，可是当时我根本没有这个概念，并且优秀的人才也不可能会愿意到还只是一家小企业的京瓷来效力。

当然也有人会说，如果没有“车”的话，就用“卒”也可以是一种选项。“卒子过河便为车”，一旦冲入敌阵，小小卒子同样能够发挥重要作用，然后再通过不断赋予重任，积累经验，小卒子也必然会有成长为大将的那一天。然而说是这么说，可是当年我所面临的是连一枚小“卒”子都找不出来的窘境。人才如此匮乏，我简直恨不得去找张纸片，写上“卒”字，然后粘上口水贴到棋盘上去。

但是写在纸片上的卒子终究无法依靠，风稍微一吹，就会消失得无影无踪。这就与中小企业的经营是一个道理，在录用员工时，很难留住有能力的人才。就像那些纸片的卒子，虽然暂时能够粘在棋盘上，可是等口水一干，马上就会随风而去。

在这种状况下，无论如何都希望能够拥有得力部下的我，于是想到，“我自己之所以能够有效地主导企业的经营活动，是因为我自己确立了能够作为经营判断基准的哲学理念。因此我所需要做的就只是向那些希望能够成为我的共同经营者的部下，传授自己的这套经营哲学而已”。

我自身的信念是，即便我没有能力培养出足以治理更大规模组织的人才，但是培养出能够治理一家20～30人规模的小公司的人才还是没有问题的。我自己虽然能力很有限，不过如果能够培养出与我具有相同的理念、判断基准和责任感的人才，然后将各个部门委派给这样的人才，那么公司规模即使变得更大，也完全能够得到有效的管理和经营。总而言之，我最初是出于为京瓷培养经营者的目的而开始整理和传授“经营哲学”的。

为了培养企业的共同经营者，一有机会我就会向下属员工宣讲我的经营哲学，告诉他们我准备基于怎样的理念和经营哲学来维系企业的运营和发展，因此也就希望大家必须理解我的经营理念，共同参与企业的经营活动。通过这样的方式，我努力谋求自己的经营哲学能够在企业内部得到一致认同。而一旦经营者的经营哲学能够得到企业员工的认同，那么企业上下必然会因此产生一体感和连带感，从而强化企业成员之间作为命运共同体的团结意志。

你刚才介绍到，你们公司的全体员工在每天的早会上都会诵读公司的经营哲学。经营者让公司的全体员工学习公司的经营哲学，具备正确的理念和认识当然具有重要的意义，但是这里所谓的经营哲学，本来的目的是为了“要让那些能力不足的人，能够承担起公司的经营重任，因此才需要让他们彻底学习领悟经营哲学”。对于那些将要成为各个部门主管的人员，经营者必须首先确认他们对于公司经营哲学的理解程度。这种理解并非仅指思想上的理解，更重要的是要看这些经营哲学对他们的具体行动所产生的影响和作用。我正是以此为目标，展开了培养人才的活动。

尽管经营哲学在企业员工当中的浸透传播，有助于促进企业内部氛围的良性循环，对于提高企业的整体凝聚力可以发挥出极其有效的作用。但是我最初这么做的理由实际上主要是为了培养出具备与我自身相同层次的企业经营者。

而你们公司的问题却存在于那些已经得到了你彻底的经营哲学教育和培训的下属干部们所主管的部门组织之中。虽然你介绍说你们公司实施了具有自身特色的阿米巴经营，但是不管是生产部门还是营销部门，全部都在能力上发生退步，利润率出现下滑。

我相信你的父母作为公司的创业者，对于公司的各方面的具体运转都了如指掌，因此他们在进行公司的经营活动时，仅凭直觉就能够敏锐地发现问题的关键之所在，所以才能够在严厉督导、激励公司员工投身于工作的同时，创造出不俗的利润率。但是现在，你们公司的经营管理却完全沦为纸上谈兵，作为经营者，你们对生产一线的实际状况并没有做到全盘把握。

你在刚才的陈述中已经指出："不知道如何才能够让公司的干部产生危机感，改变现有的工作态度……我们公司的总裁和副总裁过于强势，从而导致各级部门主管以及属下员工缺少工作主动性，任何事情都依赖上级的指示。"并且进一步介绍道："最近以来，作为公司的经营者，我们有意识地花费心思，把各项职责分担给公司下属，将权力也同时下放。当然我们还是无法做到彻底放权，有时依然会插手下属的管理活动。"要想让手下干部们产生危机感，光靠分担职责，下放权力是没有用的，而应该由经营者向各部门和组织的主管干部直接表示："你现在就是这个部门的负责人，你要像一个公司总裁一样，明确经营哲学，通过独立核算，进行你部门的有效成本利润核算。"从而让他们担负起部门的成本利润核算上的责任。

◆任命能够担负责任、实现部门有效核算的人选作为部门主管

在企业中，一个部门的负责人必须具备与公司领导者相同的责任感。对于任何商业机构而言，不努力提高自身收益，也就不足以维系自身经营。比如，一旦受命负责某个豆制品生产车间，这个车间的主管就必须与车间员工一道，为提高车间核算的有效性而倾尽全力。也就是说，如果生产的是100克袋装的豆制食品的话，就必须确定好这种产品的市场售价和出厂价。

在这种情况下，当要实现10%的利润时，这家车间的负责人就必须留意作为生产原料的大豆和砂糖的进价，以及车间的人力成本是否还有进一步压缩的空间。但是我相信在你们公司，采购大豆和原料的工作并非是由生产车间的负责人来主导，而是由采购部门来具体主导。但是对于采购部门而言，由于采购进来的原料都是分配给其他的不同车间，因此也就难以对各车间的独自成本利润核算产生责任感。考虑到这种因素，如果你委派某位干部负责一个“月销售额达到300万日元的豆制品车间”，那么就应该将原料采购的流程也一并转交给这个车间独自进行。

公司各个部门的负责人为了提高本部门的收益，至少应该

具备这样的工作态度，“如果使用便宜大豆，会导致产品质量下降，损害到公司信誉，因此我们部门必须想办法以尽量低的价格购买优质大豆。而我本人也要利用休息日，亲自到位于丹波（地名，位于京都一带。——译者注）的农家去跑采购”。也就是说，为了培养出像这样能够与一家公司的领导人具有共同思想和认识、并甘愿为公司发展辛勤奉献的员工，经营哲学的确立必不可少。

你在管理公司的时候，应该把具备这种责任感的员工任命为相应豆制品车间的主管。一个部门的负责人并不是只需要单纯地把部门员工组织到一起进行生产即可，还必须全面负责从原料采购到成品出厂为止的所有费用成本、销售额、利润的具体核算职责。换句话说，同时还得是各部门进行单独成本利润核算的负责人，而一个对于采购一无所知的部门主管将无法担负起这项责任。作为部门主管，只有在熟知本部门核算情况的基础上，才有可能进行有效的经营活动。而公司领导者所主导的经营管理活动，也正是始于首先培养出上述这种生产和营销方面的部门主管，然后再决定具体如何划分，组建公司内部的组织结构。

在进行公司内部组织划分时，如果划分规模过于琐碎，在试图提高核算的有效性时，就会导致被划分的组织缺少向上提升的空间。但是假如因此就把组织规模划分得过大，又会造成难以实现细致地管理。因此在进行组织划分时，应该基于独立核算的需要，依照足以支持组织开展有效核算的最小规模进行划分。那种功能齐全的，也就是所谓的事业部制组织在进行成本利润核算时会非常复杂，容易混淆不清。因此公司的经营者在进行组织划分时，应该尽可能地以简单化为原则，以方便基层员工了解、把握所属组织全局状况的规模来进行划分。如此一来，只需要将销售额减去原材料费用和人力成本，各个组织的利润立刻就能一目了然。

与此同时，经营者还必须让大家都能够明确在无法产生利润时的对应措施。这就有点像是机械上的监视器，只需观察监视器上的显示图像，就能够及时发现机械各个部件的具体状况。企业通过制定核算表，同样能够清楚地发现哪个方面的经费支出需要收紧。不过需要特别留意的是，经费的过度抑制又有可能导致产品质量的恶化，因此严格的质量标准就必须在一开始就得到牢固的确立。

◆创立一种连临时聘用人员都能够一目了然的利润展示机制

从你刚才的介绍中可以知道，你们公司在生产一线雇用了不少做兼职的临时工，这些临时工大多都是已婚的家庭主妇，而正是由于家庭主妇们的特点就是善于精打细算，因此与那些刚进入公司没多久的正式员工相比，这些临时工们更懂得如何维护利润成本核算的有效性。因此我认为，你同样也应该向公司的这些临时工们传授企业经营的原点，也就是公司的经营哲学。

如果把企业比成一座城堡的话，组织就宛如构成这座城堡的一道道石墙。而这些石墙既需要有大石块，也需要有小石子，如果仅靠那些块头硕大的大石头，那么修筑起来的每道石墙都会布满缝隙，无法遮风挡雨。因此在修筑石墙时，必须利用众多的小石头塞满大石块之间的缝隙，只有这样的石墙才能保持完整和坚固。而所谓的经营活动也正是同样道理，经营者通过有效地搭配使用大小不一、尺寸各异的不同石头来构筑出一道道完整的石墙。经营者在管理一个组织时，必须让所有这些大小不一的石头都能够发挥各自机能，否则将会毫无意义。

但是，我感觉你的公司并没有修筑起像上面所说的这样一道石墙。你想想看，自己是否只是泛泛地在要求手下员工："因为公司目前无法产生利润，所以请大家都加把劲！"你并没有明确地告诉过自己的员工，究竟需要在哪些方面做出怎样的努力。也就是说，你不仅需要让自己弄清楚，通过削减哪些方面的费用，可以创造出怎样的利润，同时还必须让包括临时工在内的全体员工也都能够明白这一点。企业的领导者之所以要让生产一线的员工们都能够详细地了解企业如何才能够产生利润，一个最重要的意图就是为了增加企业内部具有经营者层次的员工数量。

以京瓷为例，一直以来，在京瓷连临时工都能够向公司踊跃提交各种提案。即便是那些大学毕业，在作为正式员工进入京瓷工作三年之后，已经成为相关部门负责人的京瓷干部们，他们手下的临时工依然能够主动地向这些负责人提交各种方案建议。本来只需要按照上级指示，按部就班予以执行的临时工们，在京瓷却会积极主动地提交建议。即便是在一个只有 10 个人的部门当中，各项改进建议也照样层出不穷。这正显示出了一个组织的强大。

总而言之，经营者必须在企业内部确立一种能够让基层员工一目了然地了解企业利润状况的展示机制。而我认为你们公司正是在这一点上做得有些不尽如人意。

◆经营者不是向下属下放权力，而是让他们担负责任

此外，你似乎认为既然将某个部门委派给具体人员负责，那么经营者就要秉持用人不疑的原则，不应随意干涉。但是由于你和你的兄长实在是无法做到这点，偶尔还是会对手下干部横加指责。因此，作为公司的经营者，你们认为自己必须改变这种作风。但是我认为你的这种想法并不正确。因为要“用

人不疑”而导致“放任不管”，是日常经营管理活动中最糟糕的一种现象。“用人不疑”并不意味着作为经营者的你就可以因此高枕无忧。事实上，你只是把一个部门的经营职责委托给这个部门的负责干部，而你自己却必须严格跟踪监控因此而产生的各种结果。并且，当经营者要向某个干部委任相应部门的经营职责时，一个重要的前提就是，这名干部必须在价值观和判断基准上都与经营者保持一致。

当你把经营职责交付给手下干部时，你自己也就同时成为这些干部的上级负责人，因此你理所当然应该对他们进行具体指导。虽然那些管理咨询专家们主张“一旦将经营权力委派给了下属，就应该用人不疑，完全予以信赖”，不过这都是些没有实际操作经验的人提出的说法。只要你有过实际经营管理经验就会明白，一名经营者针对下属出现的各种问题是无法在提心吊胆的同时，却又保持沉默的。一旦发现下属在进行经营活动中所犯下的错误，作为企业的经营者，理所当然应当立即予以纠正，因为对于那些不称职的干部，即便让他们担负起经营职责，也不会产生任何有益的结果。

你现在真正需要做的事情是要想出办法，让手下干部能够认真担负起相应的经营职责。你目前正在考虑的、打破论资排辈的传统做法，实行奖罚分明的管理制度的尝试对于完善公司经营而言，都是必不可少的措施。并且，你也确实应该大胆启用那些敢于承担经营职责的年轻人才。

你们公司由于经营者过于追求华而不实的经营风格，因此放松了对生产一线的严格督导，从而导致公司所有员工只会被动等待，并依照总裁和副总裁指示行事。我认为这才是造成你们公司的销售额停滞不前、利润率持续低迷的主要根源。

每一个部门组织的负责人都必须对本部门的持续发展，以及本部门员工的生活保障担负起应有的责任。为此，部门负责人也就必须不断努力促进本部门核算的有效性，提高部门利润。而企业的领导者在努力向担负部门管理职责的干部们贯彻企业经营哲学、使之融入自主意识的同时，还必须严格督导生产一线的实际状况。只有通过这样的方式，才能真正在企业内部培养出堪以担负企业经营责任的干部人才。因此，我希望你不以自我感受为重，而是在公司内部实施一种让所有基层员工也能够主动参与改善部门利润成本核算的阿米巴经营。

第四章

如何提升自我

成为一名广受尊敬的领导者

● 企业的经营者是否能够赢得员工的爱戴

当年我在创建京瓷后，就一直在为如何才能够有效地维系这个集体，使其不断成长和发展而深感烦恼。虽然当时京瓷包括我本人在内一共只有 28 名员工，但是这些员工里面上到与我父亲年纪相仿的老者，下至刚刚走出校门的初中毕业生，全部都要靠只有 27 岁的我来引导和统领。

“笼络人心”这个词虽然代表的不是什么好的意思，但是作为一名企业的经营者，如果无法具备将周围人心牢牢笼络住的个人魅力，那么就难以获得手下员工的拥戴。假如经营者无法获得员工的拥戴，要想让自己的事业取得成功，使企业获得长足的发展，无异于是在痴人说梦。

尤其是对于那些在资源配置上远逊于大企业的中小企业，提高企业员工的凝聚力往往正是这些企业获得成功的关键之所在。一般说来，中小企业的经营者容易产生“全都是因为我们没法吸引到优秀的人才，所以才导致企业在经营上问题重重”的思维定式。但是作为中小企业，唯一能够确保的资源也正是企业的员工。因此，如果经营者无法最大限度地发挥现有员工的潜力，在工作中取得成绩，那么企业的成长和发展也就无从谈起。所以，作为企业的经营者，不管是在业务上，还是人格上，都必须赢得企业员工的信赖与尊敬。

- **学习先人的教诲**

我后来终于意识到，经营者要想真正有效地引导和统率手下员工，一个先决条件就是自己必须先赢得他们的尊敬。于是，当我的员工在工作中出现错误、我对此予以纠正批评，以及当我针对所有员工发表讲话时，我都会尽量引用各种警句格言来增强效果。但是这种尝试最终却产生不了任何效果，这是因为理工科出身的我，即便想要把在别处听到的警句格言拿来现学现卖，可总是显得有些文不对题，无法得到手下员工的共鸣。

一个人要想让自己在人格上进一步成熟起来，就必须学习掌握作为一个合格的人所应具备的态度和理念，提高自身的思想认识。为此我开始认真学习哲学和宗教。不管工作到多晚，应酬到多晚，我每天在睡觉前必定会读上一两页的哲学著作和古籍，学习先人留给我们的教诲。并且我并不止步于知识的学习，同时还把学到的东西作为日常经营活动和生活中的目标，持之以恒地予以追求。

• 以“无私”胸怀执掌权力

来自我故乡鹿儿岛的伟人西乡南洲（即日本江户末期的著名政治家西乡隆盛，南洲为他的号。——译者注）曾经有过这样的教诲：“爱己乃不善之首。”这句话的意思就是说，爱自己是最糟糕的一件事情。一个人在事业上无法取得进步，甚至最终惨遭失败的根源往往就在于他把自身放在了过高的位置上。作为一名领导者，如果我们想要创造一番辉煌的事业，非常重要的一点就是必须做到摒除私念，端身正行。

我认为西乡的理念即便在现在这个时代也同样没有过时，它贴切地阐释了一名领导者所应该具备的正确态度。如果企业的领导者在开创和推动一项事业时的出发点都是基于“想要让自己发财”，或者“想要对自己产生好处”，那么就自然无法获得手下员工的信赖与尊敬。而在这种领导者的管理之下，企业的经营活动也将无从得以顺利进行。

作为一名领导者，要想将一个组织团结在一起，使其获得成长和发展，就必须具备不畏自我牺牲的“无私”胸怀。如果一个人缺乏这样一种勇气，那么他就不足以成为一名领导者。

那些当公司发展良好时就会心生傲慢的经营者，以及那些一旦职位获得提升就会变得骄横无礼的领导者，都只会与自己手下的员工离心离德。而那些能够控制住自己内心对于地位、名誉和金钱的欲望，为了集体的利益保持谦逊心态，拥有“无私”胸怀的领导者则必然能够赢得下属的尊敬，得到他们的真心拥戴和追随。事实上，推动人们不断向前的原动力，就正源自于领导者无私公正的品性。

只要企业的领导者能够不断磨砺自身能力，提升个人人格魅力，赢得下属尊敬，企业员工就自然会朝着领导者所指示的目标，与领导者同心一体，奋力进取。而是否能够拥有这样的领导者，正是决定了企业未来发展的关键之所在。

【经营问答十三】

如何确立作为领导者的价值判断基准

- 问题

我们公司是一家生产糕点的企业，今年刚好是我们公司创业 50 周年。公司的主要业务是大米制点心的生产和销售，每年的销售额大约为 90 亿日元，公司员工总数约为 500 人。我们公司以成立 50 周年为契机，为了适应 21 世纪的变化，在公司内部展开了全新的变革，并进行了最高层的更迭，由我接替已经执掌公司 35 年的父亲，担任公司的第三代总裁。由于公司总裁的更迭是早就已经确定了的事情，并且父亲作为公司董事长还继续留在公司，因此我们公司这次最高层的人事更迭还算进行地比较顺利。

我们公司的主要产品是米制糕点，随着糕点市场多元化的趋势，以及消费者对健康食品的青睐，当前糕点业整体正面临着严峻挑战，我们公司尽管还未创造出耀眼的成绩，但是依然能够有效地抵御低迷经济形势的影响，实现公司的稳定增长。

当我还只是公司副总裁的时候，就已经明确提出了我们公司所必须面对的四大课题。

第一个课题是，“随着大量生产、大量销售时代的结束，市场需求多样化时代的到来，我们应该建立怎样的自主商业模式，来有效地应对这种市场的变化”。如果我们将销售重心放到大规模量贩店上，就不得不将产品限制在种类有限的大众化产品的范畴之内，从而自我设限，画地为牢。为了解决这个矛盾，我打算通过提高我们产品的直销幅度，来有意识地降低量贩店需求在我们产品销售中的比重。我相信依循这种营销路线，最终必将扩大我们的销售额，进而提高公司的利润率。具体做法就是通过开拓直销、邮购等新的流通渠道，从而在更广、离消费者更近的范围里，依靠我们产品的特色获胜。

第二个课题是，“如何让公司员工获得真正的幸福”。具体地说就是，要让我们公司不再仅仅只是一个员工们通过劳动赚取薪酬的职场，而要力图成为一个让所有人都能够通过工作实现自我升华的地方。为此，敝公司一改以往以商业技能为中心的员工培训模式，在进行员工教育和培训时，更加重视形成一种家庭式的气氛。做法就是从员工之间的相互打招呼开始，利用早会、研修班等各种途径改变现有的员工培训形态。到目前为止，虽然进展还有些缓慢，但是因此而产生的效果已经逐渐显露了出来。我自身也将把坚定维护员工幸福、努力回馈股东和社会作为我工作的第一要义，所以正在努力磨砺自己的心性，以便提高自身的人格境界，赢得手下员工的尊敬。

第三个课题是，“实现部门管理的细化和及时化”。一直到最近为止，敝公司都没有能够在员工、生产销售、部门、商品等各个方面实现有效的收益管理。从去年起，尽管在部门和商品这两个方面还很粗略，但是敝公司终于正式开始了针对上述四个方面的数值管理。并且，通过这样的改变，不仅是公司的高层，公司的中层管理干部们也开始重视各项数值。今后，我打算进一步提高数值管理的精确度，并且在及时性方面力争做到精益求精。

第四个课题是，“要将具有日本代表性的米制糕点推广到全世界”。要让全世界的消费者都能够品尝到具有日本风味的米制糕点是敝公司前任总裁的梦想，而我无论如何都想要实现他的这个梦想。事实上，虽然敝公司曾经有过到韩国和中国进行技术指导的经验，但是却从未在这两个国家设立过生产据点。中国市场上近些年来倒是出现了针对日本米制糕点的热潮，但是消费者意识与日本有所不同，大多数中国消费者更倾向于接受即便品质稍差，但是价廉量多的产品。因此我的考虑是，先到其他发达国家开设小型工厂，并先向当地的日本超市提供产品，然后逐渐再打开当地市场。关于这个设想，敝公司与作为我们公司总代理商的某家商社已经开始合作，针对包括我们以前曾经进行过技术指导的各个国家的市场，正在进行可行性论证。

我正是基于以上四个基本方针展开了敝公司的经营活动。我在深感自己作为公司领导者所肩负的巨大责任的同时，恳切地请求稻盛老师指出我作为一名企业领导者所需重视的地方、应当改进之处，并且围绕企业首脑在精神面貌、经营实务等方面时刻需要留意的要点，以及企业领导者的要义给予教诲。

• 解答　学习先人教诲，磨砺自身作为领导者所需的人格魅力

◆在加强量贩店销售的同时，扩大企业流通渠道

从你的介绍中我们了解到你现在正面对的四项经营课题。关于第一个与量贩店销售有关的课题，你介绍说："虽然不打算缩减，但是今后将不再以此作为企业展开营销活动的重点。"不过我还是建议你，是否可以考虑在继续提高面向量贩店的销售量的同时，再开拓新的销售渠道。虽然你所计划的通过直销、邮购等渠道，向市场提供能够满足消费者需求的各种产品，从而提高直销份额在企业销售中的比重的想法并没有任何问题，但是我却感觉你打算在面向量贩店的销售方面维持现状的想法有所不妥。

在你父亲执掌公司经营大权的时候，主要是依靠面向量贩

店的销售才获得成功，并实现了企业销售额的大幅增长的，因此我认为这条道路并没有走错。当然，你所主张的为了满足广大消费者的不同喜好，生产具有高附加值的米制糕点，推进自身产品多元化的做法也确实可以算作是确立自主商业模式的一种途径，但是我却感觉这种尝试同时也存在着投入大、产量小的问题。因此我才会主张你在继续坚持并夯实你父亲制定的经营模式的同时，再依照你的想法根据消费者的需求提供多样化的产品。

至于你所说的第三个课题“提高各部门收支管理的精确度”，由于你们公司现在已经开始按照部门类别实施收支管理，因此还是值得称道的。请你一定要注意进一步提高管理精确度。即便作为一家小厂商，在进行工厂的经营管理或者打算在海外开设工厂时，都必须基于会计管理手法来进行部门分类的收支管理。因此，管理精确度的提升也就必不可少。

◆用人之道在于使人信服

在你的叙述中，有一段话让我感到动容，那就是你所说的“我自身也将把坚定维护员工幸福、努力回馈股东和社会作为我工作的第一要义，所以正在努力磨砺自己的心性，以便提高自身人格境界，赢得手下员工的尊敬”。这种想法非常了不起。任何人要想成为一名合格的企业领导者，就必须具备优秀的人格境界，广受企业员工的尊敬。

你年纪轻轻就当上了公司老总，想必在你的公司里，包括那些从你父亲执掌公司的时代就已经担任各级主管的干部在内，一定有不少人要年长于你。虽然你刚才介绍说“非常幸运，公司上下全都是很不错的人，因此对于自己接管公司管理大权的决定，全体员工都很拥戴”，不过我相信这得归功于你父亲杰出的管理手腕。你们公司的普通员工和各级干部都是出于对你父亲的尊敬和信赖，大家才会认为“由你来世袭公司经营大权是理所当然的事情”，进而对于你的接班毫无抵触，表示欢迎。

虽然是因为你的父亲得到了公司干部们的信赖和尊敬，你才能够顺利地坐上公司总裁的位置，但是，你要是完全靠自己一个人又会怎样呢？也就是说，我关心的问题在于，如果不依靠你父亲的影响力的话，你是否依然能够获得下属们的尊敬和信赖。你自己刚才也说了“从现在开始要努力提高自身人格境界，赢得手下员工的尊敬”，希望你能够不忘此言，务必实现。

尤其是在你一心想到其他发达国家去开厂、生产销售日本风味的米制糕点的计划上，这一点就显得更加重要。因为当你需要超越人种差异、语言障碍、历史和文化壁垒去管理外国员工时，唯一能够凭借的也就只有你自身的人格魅力了。你必须要让下属认为，你“虽然年轻，但却是一个非常出色的人”。经营者只有像这样彻底赢得下属的敬服，才能让对方甘心为你效力。

当然，企业的经营者也可以付给下属高额工资，然后以公司老总的身份对他们发号施令，让众人按照自己的命令行事。但是这种敬服仅仅只限于表面，经营者如果要想真正获得下属发自内心的敬服，甘愿做出奉献，就只能依靠自身的人格力量。正是因为人格的力量无比强大，所以经营者才一定要在塑造自身内在心性时追求完美。

◆个人的内在人格才是决定其最终判断的坐标轴

我之所以认为经营者内在人格的塑造要重于一切，还有另外一个深层的原因。

企业的领导者都肩负着为企业运营做出最终决策的职责。在进行这种最终决策时，领导者赖以做出判断的标准，就是藏于领导者心中的坐标轴。企业的领导者正是依据自己心中的坐标轴，对各种事物做出善恶判断。因此，在心中确立一个清晰明确的坐标轴，对于企业领导者而言，其重要程度要远超一切。

每个人心中的这种坐标轴，也正是这个人进行价值判断的基准。举例来说，你刚才说到，目前，日本的米制糕点在中国市场上也极具人气，然而中国的消费者却更青睐虽然品质稍微差一些，可是却价廉量多的米制糕点。因此你产生了“由于中国消费者较之商品品质，更在乎商品的价格和分量，因此最好还是放弃这个市场”的想法。这个决策恰好反映出了你自身的价值基准。与此同时，也一定还会有其他企业的经营者却持有与你截然相反的意见，“中国消费者的这种倾向并不是一件坏事。我们公司在向日本市场供应高质高价产品的同时，完全也可以向中国消费者提供他们所喜欢的价廉物美的产品”。而做出这种决策的经营者所依据的价值基准，也正源自于他自身的心性。

尽管你说你无论如何都打算把公司业务扩张到海外市场。但是你所指的海外市场，既不包括中国，也不包括韩国，而完全都是些像美国这样的西方发达国家。那么我们可以在这里推理分析一下，你又是按照怎样一种基准做出了这样的判断呢？

你自从走出校门之后，年纪轻轻就当上了公司老总，想必一定也去过美国这样的国家。你大概还有不少朋友已经定居海外，因此你不甘心让自己的公司永远都只局限于一家乡镇企业，于是你才会无论如何都想向海外扩张。然而问题的关键在于，你的这种想法到底是为了公司事业的发展，还是仅仅只是为了满足你个人的虚荣心？换句话说，你的价值判断的基准又到底在哪里？

一个人的价值判断，其实正是这个人内在人格和心性的投影。喜好虚荣的人，他的价值判断就必然会滑向虚荣；懦弱的人，其价值判断也自然会滑向懦弱；如果是极其谨慎的人，那么不管他做什么事都必然会先投石问路；行事莽撞、大大咧咧的人却又根本不屑如此行事。总而言之，每个人的价值判断都受制于自身的人性特征。

但是我们的人格又是可以改变的。尤其是像你这样担负着极其重要的经营职责的人，就更有必要将自己的人格提升到一个较高的层次。也就是说，为了做出正确的经营判断，经营者必须让自身在内在心性上得到完善。我们通过修身养性，学习正确的做人方式，提高自身心性，最终必定能够实现自我人格境界的升华。

◆提高自我人格境界的两种方法

有两种方法可以有助于我们升华自我人格、提高个人心性。一个就是学习先人的教诲。以我自己为例，我在通过阅读安冈正笃（1898—1983，日本著名汉学家、王阳明研究权威。——译者注）所解说的中国传统经典著作、学习“立身于世的应有姿态”的同时，也在学习瑜伽修行者中村天风（1876—1968，日本著名的瑜伽权威。——译者注），以及二宫尊德（1787—1856，日本江户时代后期著名的农政家和思想家。——译者注）的哲学，并力图将其转化为自己的思想。而在此之前，我是将从父母那里学到的“作为人，何为正确”的质朴理念，作为我进行经营活动的原点。从最质朴的地方开始，不断学习更高更深邃的思想，并将其转化为自己的价值观和哲学，我正是以这样的方式，通过“向先人学习”，从而实现自我的完善。

还有一点就是“行善”，也就是说要行“利他之事”。正如“积善之家必有余庆”、“好人有好报”等古语所说的一样，为他人做奉献、做好事同样能够提升我们的自身人格。

总而言之，正是由于企业的领导者必须为了企业经营做出各种最终决策，因此领导者在进行判断、做出最终决策之时，其心中是否具备正确的哲学理念，也就是自心的坐标轴成为决定一切成败的关键因素。

◆企业领导者应该将自己的全部身心都交给企业

作为一家企业之长，领导者还必须铭记极其重要的一点。这一点是我在年轻时就已经认识到的，那就是，企业必须要像一个跃动的生命体一样时刻保持充沛的活力。如果一家企业召集到一起的全都是些消极被动的成员，那么这家企业的活力就必然会不断消沉下去。因此作为领导者，一个重要使命就是向企业这个组织不断注入生命力。

以我自身为例，从年轻时起，我就已经没有了任何作为稻盛和夫个人的闲暇。毫不夸张地说，只有每天深夜回到家后的那短暂一刻才是属于我自己的时间。

事实上，有一次我曾经惹恼过我的妻子和女儿们。因为我和家人在一起的时间非常少，所以每次不管多晚回到家，只要孩子们还没有睡觉，就都会来向我诉说当天遇到的事情，而我也会和她们聊一聊天。因此我多少能够感受到家人之间的温暖，自以为“由于妻子和孩子都能够理解我，所以我才能够不管不顾自己的家庭，一门心思全部都投到工作之中，也正因为这才有了公司的今天”。

然而，当我在公司规模已经发展到一定程度、把自己的这个感想告诉妻儿时，她们却一致反驳道：“根本就不是这么一回事！爸爸就算人回到家，心也不在这里。”

有时候我的妻子和孩子会一直等我回到家后才一起吃晚饭。好不容易回到家和大家一起吃饭，因为平常在一起的时间也很少，所以她们都会向我谈论自己身边发生的事情，询问我“今天的菜好不好吃”等，但是“爸爸的回答全都心不在焉”。

她们抱怨道：“听到你心不在焉的回答，我们一下子就明白了你又在考虑工作的事情。因此也就失去了继续聊下去的兴致，大家都不再说话，我们家的晚饭时间常常都非常沉闷无聊。”

好不容易全家人聚在一起，可是却无法一起享受团圆的乐趣，听到女儿和妻子的激烈抱怨，我的心情非常复杂。

她们抱怨的或许没错。但是要知道我之所以会这样，是因为每当我心中一想到“在我回归稻盛和夫个人的一刹那，企业就会同时陷入假死状态”，就会越想越恐怖，正是基于这样一种恐怖感，或者也可以说是强迫感，我才会将自己的一切都投入到工作之中。

虽然我本人的例子或许有些过于极端，但是担负一家企业的领导工作，事实上就是像这样，是一项非常艰巨的挑战。只有把自己的所有精力全部投入到企业之中时，一名企业领导者才能配得上“合格”二字。无法享受任何个人闲暇虽然显得有些苛酷，但是身为领导者就本应如此。总而言之，企业的领导者本身就意味着需要将自己的全部身心都交给企业。

◆最高领导者与二把手之间的责任具有天壤之别

我们经常会听到这么一种说法：企业的最高领导者与二把手之间虽然看上去差别不大，但是他们各自所承担的责任的范围和分量却有如天壤之别。你虽然现在已经担任了公司总裁一职，但是在你父亲看来，你依旧只是公司的二把手，因此你现在还算不上是公司真正的最高领导者。

我曾经听到登上企业领导者宝座的人说过，“以前总认为公司老总的工作自己也完全能够做得下来。但是等到自己坐上这个位子后才吃惊地发现，自己所担负的责任非常重大。我在担任公司副总和其他职位高管的时候，自以为做的事情和公司老总都差不多了，可是到自己真的当上老总之后才明白，根本就不是这么回事”。事实上，一家公司最高领导者与二把手之间的区别就在于，究竟是以自己的生命为担保、全身心地对待责任和工作，还是仅仅像一名职业经理人那样就已经足够。

因此就算你现在身为公司总裁，但是因为你的父亲还在公司内任职，所以你也就不可能真正感受到作为一名企业最高领导者的责任。但是你们毕竟是一家拥有 500 名员工的大企业，为了维持这么大一个组织的有效运转，请你务必从现在开始，以一个大型组织最高领导者的标准要求自己，学习正确的为人处世的方式，提升自身的人格境界。

【经营问答十四】

企业领导者是否应该身居一线

- 问题

我们公司是一家以向诊所和医院销售医疗器械和设备为主的公司。由于公司的前任负责人——我父亲的突然离世，我在29岁的时候就接过了公司总经理的担子。对于这个行业一无所知的我，每天都是在胆战心惊的恐惧中度过的，并一直将公司经营至今。我们公司的员工基本上是以二三十岁的人为主，没有一个年龄超过五十岁。虽然我也不清楚这种员工的年龄结构是否是一件好事，但是我相信至少这意味着我们公司还有更大的发展空间。

我们公司在当地同行中位居第二，但是我一直都希望有一天能够成为第一。因此我才会出于进行人力投资的考虑，优先录用年轻的营销人员。

我自己也阅读了大量经营管理方面的书籍，听相关内容的录音带，参加各种讲习班。在经过各种各样的学习了解之后，我发现那些能够成功获得发展的企业，基本上也都是能够让员工开开心心投入工作的企业。“讨自己员工欢心”的说法或许有些奇怪，不过我为了激发手下员工的工作积极性，确实是想尽了办法这么做。虽然最终结果也有让人感到不是很满意的地方，但是正是借助于我的这些做法，根据今年九月份所做的决算，公司去年一年的业绩比前年增加了 21%，并且公司的整体氛围也变得非常融洽。

不过我现在也遇到了一个问题：作为我们公司主管营销部门关键人物的营销部部长由于疾病从两年前开始就基本上每日从早到晚都只坐在计算机面前，不再亲自参与具体的营销活动。鉴于这种情况，恰巧我本人本来也比较喜欢做营销，于是我干脆自己直接亲赴各家医院和诊所展开营销活动。在公司里，客户对我本人的指名电话接连不断，对营销部员工的各项指示也基本上都由我来亲自下达。

尽管我内心是希望公司的营销部长在工作上能够变得更加积极主动一些，但是也实在拿他没有办法。因此我打算就这样由自己来主导营销活动的开展，一个人将公司业务全部挑起来。

可是最近，从外界传来一些对我的这种做法表示质疑的声音，认为“这个老板基本上都不在公司里待着”，或者“虽然公司老总应该身先士卒，亲赴营销一线，但是如果什么都大包大揽，将无助于公司员工的成长”。同时我也疑惑：“为了让公司坐上本行业的头把交椅，我又怎么能够总是安心待在公司里面?”希望能够有幸得到稻盛老师的教导，让我知道该如何来对待这个问题。

• 解答　领导者只有先做到率先垂范，才能够推动公司员工的成长

◆没有必要在意“领导者不可万事一肩挑”的意见

我们经常会听到这么一种观点：什么事情都大包大揽的老板培养不出有能力的员工。管理咨询专家们也全都认为“要想培养员工，就必须让他们担负实际的工作”。

虽然这些论调让你感到无所适从，但是我却能够断言，他们的说法全都是在“无的放矢”。说这些话的人都没有实际经营管理的经验，而真正的经营者绝对不会做出这种优哉游哉的结论。

如果一家公司的经营者自身懒惰、厌恶工作、什么事情都交由下属，自己只图享乐，那自然是另外一回事，并且这样的经营者也不值一提。但是不管是中小企业，还是大型企业，经营者都必须带头投身到工作之中。

尽管你公司里也有员工向你抱怨，“您什么都自己做了，这样我就学不到任何东西”，但是这样的员工是靠不住的，根

本就没有培养的必要。你真正需要下工夫培养的是那种紧紧跟在全身心投入于工作的经营者后面、努力追随仿效经营者的身姿、力图完成同样工作的员工，否则的话，你的努力将会毫无意义。经营者虽然自身具备了相应的工作能力，但是却不将其运用到具体工作之中，而一味将工作托付给那些并不足以信赖的下属来承担的做法算不上是真正在培养人才。

现在你正准备要让自己公司在当地同行中的排名从第二名更进一步，成为第一，所以你需要在营销一线培养出能够独当一面的得力干将。为此你就必须亲自在一线起到表率作用，通过自身的示范向手下员工们发出“跟我来!”的号令，并进而培养出营销能力不输于你自己的员工。

◆定价即经营

因为你们公司销售的是医疗用器材和设备，所以想必都是到医院去进行推销活动。由于你们接触的对象都是医生，因此不管是交谈内容，还是行为举止，都必须具备较高的水准。

在我所主张的经营要素当中，有“定价即经营”这么一句话。以你们公司为例，定价这个环节完全就是由一线的销售人员来完成。你们的销售人员在同医生进行交涉时，对方如果提出“你们提出的价格太高了，需要再便宜一点”，你们的销售人员就会回答说“我明白你的意思了，那么再降这么多价钱可以吗”？通过这样的方式，你们所推销商品的价格便得以确定下来。也就是说，是一线的销售员工决定着你们销售商品的定价。但是作为身居一线的销售员工，绝对不可为了把商品推销出去而将商品定价设置得过低，否则就会影响到公司的正常经营。因此在设置价格时，必须留足利润空间。

为此，商品的进价和销售价就需要由公司的经营者以及营销部长来决定。商品进价和销售价之间的差额即为公司的毛利。假设这个毛利是15%的话，那么就必须将所有营销费用，也就是销售费用和管理费用控制在10%之内。如果毛利是15%，营销费用是10%的话，销售纯利率就是5%。像这样，必须在首先明确毛利和各种费用比率的基础上再决定商品的具体价格。

在竞争激烈的医疗设备市场上，如果你们的毛利仅仅只有15%，在与医院方进行交涉时，你的销售人员却随意就将价格降低1%或者2%。然而，定价才是公司经营的根本。

正是因为如此，经营者就必须身先士卒，到营销一线去亲自开展营销活动，通过这种言传身教的方式来训练培养手下的员工，要让他们知道，不应该依赖便宜的价格来推销商品，而应当以适当的价格来推销商品，这一点也正是“定价即经营”这句话的精髓。

此外，这里再提一句我经常用来告诫自己的话：任何经营者，只有当甘愿把自己的一切都交给企业时，才真正配称为企业的领导者。作为一名领导者，天经地义就应该忙得没有任何个人余暇。如果一名企业的领导者整天还担忧着诸如自己的健康之类的私人问题，那说明他根本就不称职。

你们公司的营销部长出于对自身健康的担忧，无法投入到具体的营销活动中去，但我认为他的这种做法是绝对不能接受的。当然，如果你因此就直接要求他“到外面去积极开展营销活动”也显得有些过于冷酷，所以你应该告诉他：“如果你对自己的身体不是很有信心，那么就不要再担任营销部长的职务了。”我认为这才是真正对他的关心和体贴。你因为自身是一家小公司，觉得这种做法有些过于无情，因此也就一直对公司营销部长的做法听之任之，但是你的这种处理方式其实不管是对公司，还是对那位营销部长本人都不是一件好事情。因此作为公司老总，你应该拿出勇气来妥善处理好这个问题。

我认为作为像你们公司这样以销售医疗设备为主的公司，营销部长一职应该发挥着决定性的作用。公司利润的确保需要依靠营销部长自身才能的发挥。由于营销部门对你们公司而言是最重要的一个部门，因此你作为公司的经营者，亲赴一线、率先垂范、直接进行指挥的做法并没有错。不管他人说你专权也好，不愿培养下属员工也罢，你都完全没有必要予以理会。

【经营问答十五】

领导者应该如何让自己的意图在企业员工中得到贯彻和执行

- **问题**

敝公司是一家创建于明治19年（公元1888年。——译者注）的印刷公司，公司业务将近八成都是各种手册、宣传单、邮寄广告单之类的广告宣传品。公司员工，包括临时工在内总共有70人，平均年龄为30.8岁。

我大学毕业后，就直接进入公司以延续家业。我进入公司第10个年头，担任公司老板的父亲离开了人世，于是我接替了他的职位，一直负责着公司的运营。到今年为止，我已经在公司老总的位置上干了整整15年。

迄今为止，我一直都很重视与下属员工之间的沟通和交流，自认为还是颇受员工信任的。然而前一阵子，公司外面的人告诉我“你的员工其实对你并不是很信任”，这实在是让我感到有些意外。

在经过反思后我认识到，在我们公司里，从公司领导者到各级主管，再从各级主管到基层员工间的沟通渠道其实并不是很畅通，因此才会导致有的时候，上下级之间彼此产生猜疑。我打算围绕着这一点，进一步强化对公司的各级主管的教育和培训，因此请稻盛老师就这个问题做出指导，并就企业领导者如何才能够有效地将自己的意图传达贯彻到企业内部的各个层面发表您的看法。

• 解答　领导者首先在工作中做出表率，然后再在私下与员工展开亲密地交流

◆通过率先垂范赢得员工的认同感

如果要让我首先给出答案的话，那就是企业的经营者必须赢得手下员工的尊敬。只有尊敬才能够使企业员工百分之百地接纳和认同经营者的思想和意图。

当年我与其他七名伙伴共同创建京瓷时，他们与我共同约定："要让这家企业成为将稻盛和夫的技术昭示天下的舞台。"可是万没想到不到三年时间，这项约定就已经土崩瓦解。事情的起因是当时 11 名高中毕业就进厂工作的员工突然拿着摁着他们血手印的请愿书来集体与我交涉，这些员工要求公司对他们的加薪和奖金要求做出承诺，否则就将集体辞职。我对此作出的回答是："我们是一家刚成立的公司，大家每天都在全力

以赴，为了公司的生存拼死辛劳，现在就要让公司对诸位的未来作出任何承诺都只不过是空话。不管怎样，大家既然已经加入了这家公司，就让我们全心尽力把公司创造成为一个令你们所有人都满意的企业！”

然而这套说辞并不能让对方感到信服，我为此对他们进行了连续三天三夜的说服工作。最后我说：“我希望你们能够相信我，跟随我。如果你们发现我有任何欺骗你们的地方，就算把我杀了我也心甘情愿。”这样才使众人最终接受了我的解释，继续留在了公司。

虽然这场风波就此平息了下来，但是当时却让我感受到了巨大的重负。我的家族在二战的空袭当中流离失所，战后一直都过着贫困的生活，作为兄弟七人中的老二，家里人送我去读了大学，可是我却仍然没有本事帮助自己的亲兄弟。而现在，公司刚刚起步，我还得照顾好底下员工的生活。一想到这些，我心里实在是千头万绪。

但是我很快就又振作了起来，重下决心，放弃了“将稻盛和夫的技术昭示天下”的企业定位，将企业的目标改为“要让全体员工在身心两方面都能够获得幸福”，并一直坚持至今。

我向手下的员工们宣布：“我将公司的目标重新确立为‘追求全体员工物质与精神两方面的幸福’。因此，我将会为了你们大家而尽一切力量维系公司的经营。但是作为条件，我需要你们允许我对你们进行严格的督促。如果大家对工作都是三心二意，而我也对此放任不管的话，那么我们公司就必将垮台。这样的话，我也就无法实现我作出的，要让诸位获得身心两方面幸福的承诺。所以，我要是发现了在工作中偷懒耍滑的人，必定会严加痛斥。但是作为交换，我本人将会比你们所有人都更加勤奋努力地工作。”

如果企业的员工看到经营者是在为他们的利益而操劳，就必然会对经营者产生认同感。这也就是说，经营者必须做到率先垂范，成为公司上下最勤奋最辛劳的人。但是在现实中，等到企业领导者的位置传给第二代、第三代接班人后，后来的经营者往往会产生疑虑，担心如果过于严格督促的话，会遭到员工的抵触，甚至辞职抗议，因此也就变得不再敢过于直截了当地表达自身的意见。如此一来，就会造成恶性循环，使得经营者与员工之间的沟通和交流更加困难。经营者必须避免这种状况的发生，即使是批评意见也必须当即明确地向手下员工表达清楚，绝对不能让员工们产生任何猜疑。并且只要经营者能够做到率先垂范，付出最大的辛劳，就必定能够得到手下员工的追随和拥戴。

◆内部联谊聚餐会是沟通心灵的最佳方式

经营者在与员工进行沟通时，如果都是正襟危坐、一板一眼的话，没人会把经营者说的话当一回事。表面看上去似乎都在认真倾听，实际上只不过是一只耳朵进一只耳朵出，最终不会产生任何效果。但是如果经营者是与员工围坐在一起，小酒一盅，小菜数碟，边喝酒边拉家常似的，与大家进行心与心的交流的话，自然会敲动对方的心弦，赢得员工的认同。每次我在盛和塾的学习班结束之后，都会和与会的各位企业经营者围坐在一起饮酒交谈，告诉大家“请你们回到各自的公司，也要以这种方式和自己的员工们展开沟通和交流”，事实上我这么做也就正是为了向大家做出示范，让他们感触到这才是进行沟通交流的最佳方式。

直到20年前为止，我自己都一直坚持出席京瓷内部举办的各种联谊聚餐会，并通过这种场合与员工进行沟通。在京瓷的联谊聚餐会上，大家放下手头的工作，彼此之间不再存在上下级关系，在祥和的气氛中，彼此相互敬酒致意的同时，大家会围绕着事业、人生等各种各样的话题展开讨论。而这种联谊聚餐会中最盛大的就是每年年末举办的忘年会了。当京瓷的规模发展到1 000人左右的时候，每个部门都会举行各自的忘年会，这些忘年会我全部都会出席。因此一到每年十二月份，我连一天休息的时间都没有，每天都忙着参加各个部门的忘年会。在忘年会上，我会一边四处敬酒，一边向所有员工表示："这个工作就拜托给你了，加油好好干！"

在我向所有员工单独敬酒的过程当中，那些心里有想法的人必然会态度冷淡，于是我就借此机会不断向对方敬酒，越是这样，对方心中的不满越是会显露在脸上。如果你直接问"你是不是有什么不满"，对方刚开始时一定只会敷衍说"没有这回事"，但是随着几杯酒下肚，只要是心里藏着东西的员工最终就必然会开始吐露自己的不满。不过在这些不满当中，虽然也有一些确实是因为我自身考虑不周而导致了对方的怨气，但是大约有八成左右全都是由于对方自己的心理不平衡所造成的。

总是会有一些员工，不能正确对待工作中的各种事物和要求，因此才会因为自己的原因，产生各种没有理由的怨气。这时，前一刻还一团和气鼓励对方"这个工作就拜托给你了，加油好好干"的我就会突然变脸，开始严厉训斥对方。酒后吐真言，通过这样的联谊聚餐会，领导者可以清楚地了解员工心中的所有想法。

对于勤奋努力的人，我会向他表示"都拜托你了"；对于犯了错误的人，我也会毫不顾忌地直接说"你的想法大错特错"。并且，如果我自身有什么不对的地方，一旦被对方指了出来，就直率地予以承认：“你说得完全正确，我一定认真改正！”联谊聚餐会很多时候更像是一个修行的场合，在这个场合中我们让自身得到锻炼。

◆我在一次研讨会上遭遇到的质疑

有意思的是，我的这种与员工的沟通方式曾经导致我被人批评为“冷酷无情”。

那是一次在美国圣地亚哥市召开的经营问题研讨会上发生的插曲。京瓷当时为了让集团所属的各家美国公司的总经理和副总经理级别的主管能够了解掌握我的经营哲学，因此将他们大家召集到一起，举办了一场为期两天的研讨会。在这场研讨会中，与会者每个人都事先收到了我撰写的著作——《提高心性，拓展经营》的英文版，然后被要求提交读书感想。但是他们交上来的读后感全都表现出了对这本书的强烈抵触，有的人干脆直接在读后感中写道：“这本书中说‘绝对不能把金钱当作工作的目的’，可是我们大家明明就是在为了钱而工作，这种说法完全不适合美国的具体实情，很难让人接受。”事实上，这场研讨会从一开始就引发了与会美国干部们的一致厌恶情绪。

针对这种状况，我尽一切可能，向他们详细解说了京瓷所秉持的经营哲学，也就是所谓的“京瓷哲学”。我告诉他们，我本人是满怀真诚地想让所有京瓷员工都能获得真正的幸福，同时我也详细阐述了自己为实现这个目标所采取的行动准则，并以“企业的领导者必须具有高尚的品德”为主题，进行了细致的说明。

在我花费了一整天的时间，亲自向大家进行了上述解释说明之后，与会者的态度发生了 180 度的大转变，终于变得能够理解认同我的经营思想。到了研讨会的第二天，众人已经显露出对我的经营理念的极大兴趣，他们纷纷表示：“京瓷的经营哲学确实不同寻常，我们也要将这些理念应用到自己公司的经营管理活动中去。”

在研讨会即将结束之际，我已经在为自己的经营理念终于打动了这些不管是生活习惯，还是哲学、宗教、历史背景，以及思维方式都与我迥然不同的与会人员的心而深感欣慰。在研讨会的最后，当我向他们说“请你们大家从今往后，也依照京瓷哲学来推动企业的经营管理活动”，并打算以这句话来结束整场研讨会时，底下一名已经在公司里工作了 10 年的干部却举起了手：“我还有一个问题。”

这名干部说道：“从昨天开始听了您的讲演，我感觉就像是在读福音书一样非常美妙，感到豁然开朗。大家都很认同您的理念，我自己也认为您说得很有道理，但是却又总感到有什么地方不太对劲。您从刚才开始就一直在谈论爱和关怀之类的话题，但是我不知道您是否还有记忆，大约三年前，在京都召开的一场京瓷经营会议上，一家京瓷在美国的子公司的总经理很高兴地向众人宣布，一直都陷于亏损境地的他们公司终于实现了扭亏为盈，可您却毫不留情地当场对那位总经理进行了叱责，让他感到非常沮丧。我当时就在想，公司出现赤字时，您把人家批评得一无是处，等到终于实现盈利了，您却连声表扬都没有，这实在是有些冷酷无情。

“在那场经营会议结束后的聚餐会上，您对那位总经理也不理不睬的，看到他非常消沉的样子，我实在是感到有些过意不去，不知道您还记不记得。我于是就走过去向您指出：‘这么做是不是有些太不近人情了？’您这才走到那位总经理的身旁，拍拍他的肩，让他‘以后要继续努力’。虽然您口里说的都是爱心、关怀、员工的幸福这类动听的辞藻，但实质上您是不是又该算是一个冷酷无情的人呢？”

◆堂堂正正的反驳

在与会众人正因为我这两天的授课而感到释然的当口，却在最后被那个干部如此批评了一番。我一旦处理不当，无疑将会让这两天的成果化为泡影。本来已经对于我的理念表示出认同意愿的与会者，有可能一瞬间在思想上再一次发生反复，认为我讲解那么多内容，其实都只不过是为了让自己的行为正当化而已。因此，我必须对那个干部提出的质疑予以批驳，并且我的反驳必须有理有据，不能强词夺理。

“没错，是有你说的这么一回事，我当时对那名总经理的态度的确是非常严厉。然而问题却是，我为什么要对他那样严厉？你刚才的说法是，那家一直都陷于亏损境地的子公司终于实现了扭亏为盈，但是那家子公司当时所创造的是几乎可以忽略不计的微小盈利，而他们公司之前累积下来的亏损总额却是异常庞大，因此在这种状况下，就算实现了一点微不足道的盈利，又有什么用处呢？

“如果当时我对那名总经理提出了表扬，他或许会因此而感到高兴，但也可能因此感到满足，并就此止步。我一直都主张：经营者要让员工获得幸福。可是就凭那么一点微不足道的蝇头小利又如何能够让企业的员工获得幸福呢？员工的工资每年都需要增长，然而企业如果只能创造微小的盈利，那就无法帮助自己的员工过上更加幸福的生活。所以我当时才会告诉那名总经理‘你们那么一点的企业利润，根本就不值一提’。我的这个评价或许会让他感到异常失望，甚至说不定会因此对我产生怨恨心理，但是就算他怨恨我，我依然还是这个意见。

“后来在下一年度，通过那名子公司总经理的努力，公司的利润获得了进一步的提升。到现在，那家子公司的盈利状况已经趋于正常水平，我也为此对他进行了表彰。可是，如果当初我为了那一点点微利就大肆表扬他的话，想必他也就无法实现今天这样的成绩。

“在佛教里面有大善和小善的说法。例如父母对自己孩子的关爱变质为溺爱，最后往往导致了子女的堕落沉沦。因此佛教才会有‘小善如大恶’的教诲。关爱本身虽然属于善行，但是如果不加以注意，而对关爱的对象放任骄纵的话，就有可能在最后造成难以估量的大恶。

“与此同时，还有‘大善似无情’的说法。这与‘玉不琢，不成器’的谚语是同一个意思。凡是为人父母者，都应该有意让自己的孩子到外面的世界去接受各种磨炼，虽然这种做法有时会显得有些无情，甚至招致他人的误解和责难，但只有在经历了各种艰辛之后，这样的小孩才能够成长为一个顶天立地的大人。父母当初的做法可能显得有些苛刻，但是这种做法实际上才真正蕴含了父母对子女的无边大爱。

“真正的大善，在凡人眼中往往会显得冷酷无情。作为领导者，如果没有勇气展示这种冷酷无情，那么他就算不上是一名合格的领导者。而目光短浅、只会一味向对方做出廉价表扬的做法是不会产生任何有益结果的。

“虽然我经常指出，经营者要珍惜关怀手下的员工，但这并不是指经营者要利用各种手段来利诱笼络员工，以便容易对他们进行管理。事实上，经营者光靠高额奖金和工资是不能够赢得员工对自己的忠诚的。”

我的这一席发言顿时赢得了包括提问者本人在内的所有与会者的信服。

当经营者为了引导员工而与对方展开对话时，我认为必须像我上面所举的例子一样，做到开门见山，直截了当。并且经营者还应该亲自到员工中去，与他们展开积极的沟通和交流。

◆赢得“信者”是获利的保证

如果想要真正地将自己的感情和理念在员工中得到传播和认同，最终还是需要依靠经营者不凡的人格魅力让员工们认识到：“我们老总虽然年轻，但却是一个非常优秀的人。”

我们做生意也是同样的道理。就如我们经常能够听到的“生意场上信誉第一”的说法一样，做生意时的最高境界就是赢得客户的尊敬。如果能够赢得客户的尊敬，那么在与客户打交道时，即便还没有讨价还价，由于自己的个人品性已经打动了对方，因此不管价格高低与否，客户都一定会从你这里进货。

在日语中，获利一词所使用的汉字是“儲（儲ける）”，把这个汉字拆开的话，就是“信者”一词，也就是说要首先赢得信者才能够获利。因此作为企业的经营者，不仅是客户，如果同时还能够赢得员工和所在地民众等所有人的尊敬，让他们成为自己的信者的话，就必定能够在商业上大获成功。然而要想赢得这种尊敬，必须依靠出类拔萃的品性和人格，因此经营者也就需要不断淬炼、升华自身的人格品性。

【经营问答十六】

一个在公司里年纪最小的公司总经理应该如何担负起领导职责

- **问题**

我今年只有25岁，在公司里年纪最小，因此我想向稻盛老师请教的是，作为一名担负着公司经营管理职责的经营者，我应该如何与手下的员工打交道。

我大学毕业后，就进入了一家位于东京的、专门向中小商家介绍推荐特许专卖业务的公司工作。从工作的第一年开始，我就负责了将近10家店铺的工作，每天都是全力以赴地从一大早一直忙到最后一班地铁结束为止。我之所以如此勤奋工作，一个原因是由于我自己的目标就是将来成为一名经营者，再一个就是当时我已经得知父亲染上了重病，我随时都有可能接管父亲的公司，因此心中充满了紧迫感。一年后，父亲的身体完全垮掉，于是我进入了父亲经营的公司。然而不幸的是，在我进入父亲公司的第二个月，他就撒手人寰。因此我是在没有得到充分准备和铺垫的情况下接管了父亲的公司。

我们公司的历史要回溯到三百多年前，从我们家族祖辈开设的干货店开始算起，我们家代代都是商人，据说到我这已经是第八代了。我们家最初开设的干货店经营的商品种类后来不断增加。从昭和二十年代（上世纪六七十年代。——译者注）开始，改制为股份公司，专门经营食品和酒类的批发业务。但是由于市场价格全面滑坡的大趋势，以及受到业界在流通上的变革的影响，我们公司最终将食品批发部门单独分离出去，而酒类批发部门则采用与其他公司共同合办的形式独立成为新的公司。现在我们公司只留下了销售干货类食品、茶叶，以及相关器具的零售部门，我则全权负责公司的经营职责。至于已经作为新公司独立出去的酒类批发部门，由于都委托给了合作方进行管理，因此我也就完全不插手那边的管理。

此外，公司从我父亲那一代开始就开设了一家加工批发紫菜的工厂。作为我们当地唯一一家拥有紫菜特许采购权的企业，我们会到位于九州和濑户内海的产地直接采购紫菜，然后在我们的工厂进行烘制加工，主要是以北陆、北信越、东海地区的寿司店、餐馆、旅店和超市作为销售对象。最近这几年，我们公司的营业额大致保持在5.5亿日元到6亿日元之间，公司员工总数包括两名主管在内一共有正式员工10名，临时工17名。虽然我同时经营着一家从事食品干货零售业务的公司和一家加工批发紫菜的工厂，但是我现在作为最高负责人，投入最多精力的还是紫菜的加工批发工厂。

我父亲在担任公司老总时，曾经有五年时间都因病忙着寻医问药，治疗疾病。在此期间，我们公司的营销部长和业务部长挑起了公司运营的重担。这两位干部都是四十出头，在公司里资历不浅，从我还是一个小孩子开始一直到现在，在我们公司工作了将近二十个年头。我父亲曾经考虑要让这两位干部升格为公司董事，这一次，在我就任公司总经理的同时，也让他们正式成为了公司董事。

我们公司包括这两位干部在内一共有 12 名员工，其中一半左右都已经在公司里工作了近 10 年的时间。公司员工都具有丰富的工作经验和自豪感，能够意气风发、积极勤奋地对待自身工作。但是在我父亲住院期间，本来应该向公司负责人提交的各种报告却开始出现疏漏，公司成员之间也疏于联络交流，公司的管理在各方面都出现了一定程度的松懈。

我总是告诉自己：虽然我只有 25 岁，但是只要自己身为公司负责人，担负着公司的经营重担，我就不能以年龄为借口来逃避自己应负的责任。然而在实际工作中，在遇到需要指正员工错误的时候，却又总感到说不出口，或者对于具体的用词总是字斟句酌，过于谨慎。有时候，当我提出自己的意见时，员工的回答往往都是“看来总经理还是经验不足”，或者“我们以前从来没有这么做过”。

在紫菜行业，由于每年的生产状况、市场形势、原料品质等都各不相同，因此也就需要长年的经验积累。由于我在这个行业还只能算是一名新手，因此我就以手下员工为老师，向他们虚心请教。并且在公司里面，因为我自身的工作经验还很欠缺，所以我觉得自己还是先少说多做为好。然而与此同时，一想到因明海（位于日本九州西部的一个海湾——译者注）环境问题而陷入危险境地的紫菜业，就担心，如果自己保持沉默的话，公司的营业额和利润将会急转直下。

因此，首先在力所能及的范围内，为了向每一位员工尽可能地传递自己的想法和理念，我会在员工每个月的工资袋中附上以“总经理通信”为题、记述着我自己的理念和打算，以及想要告诉手下员工的内容的纸片，然后交给所有员工。

恳请稻盛老师给予指教，让我知道自己作为公司的负责人，今后应该如何正确有效地带领手下员工进行工作。

● 解答　经营者在虚心学习请教的同时，还要毅然决然地维护企业的规章制度，并揭示企业目标，率领员工共同向前

◆以员工为师，钻研熟悉公司业务

你在你的公司中年纪最小，但是却要作为公司最高负责人领导全体员工，这对于任何经营者而言都是一项极其困难的挑战。

你刚才介绍到，你把你父亲生前重用的两位部长提升为公司的董事。我相信你之所以这么做，是为了让他们进入到公司的高级管理层，成为你的左膀右臂。应该说你的这个决定是极其明智的，至少通过这样的任命，不仅向那两位部长本人，同时也向公司所有员工都发出了“总经理非常重视大家”的信息，这就有助于赢得公司上下对你的一致信赖。

然而在实际工作中，当遇到需要指正员工错误的时候，你却又总感到说不出口，或者对于具体的用词过于谨慎。有时候，当你向手下员工提出自己的意见时，得到的都是诸如“看来总经理还是经验不足”，或者“我们以前从来没有这么做过”之类的回答。

正如你自己已经说过的，由于你在公司里年纪最轻，因此对于干货销售和紫菜加工等业务，都必须以自己的员工为师，全面彻底地进行学习。而在这个过程中，最关键的一点就是看你能够在多短的时间内掌握好员工们所具备的工作技能和经验。

但是，关于你们公司的管理与你父亲健在时相比开始出现了松懈这一点，你必须对存在问题的员工不顾情面地指出他们的不足，要求他们立即予以改正。如果你不能做到这一点的话，公司的精神面貌必将涣散。虽然你年纪最轻，但是不管公司里任何人有不妥之处，都应当直截了当地向他们表明你的态度。

然而需要注意的是，因为你的工作经验还相对不足，因此在申斥纠正员工时，也有可能出现偏差，从而招致下属的反抗，这就有可能进一步造成公司内部的混乱。所以我认为非常重要的一点就是，你必须以员工为师，把向他们虚心学习请教的姿态贯彻始终。

如果你能够始终虚心向员工学习、比下属更加勤奋的工作，公司员工自然就会开始对你产生尊重。总而言之，如果你不能通过自身的品性，以及对工作全力以赴的勤奋态度让公司员工感到“我们老总非常不错”，并为此折服的话，你就不足以成为一名真正的领导者。

◆创造梦想，激发员工的工作动机

即使像你们这样的一家小公司，要想让公司上下做到团结一心，经营者依然需要有效地激发员工们的工作积极性。也就是说，你必须制定明确的公司发展目标。不过需要注意的是，这个目标不是由公司全体员工来共同参与制定，而必须由你本人来独自制定。

你必须鲜明地向公司员工们表明你自己为公司的未来发展所制定的目标，并且将这个目标的宗旨定义成“是为了更有利于公司全体员工的利益”。

你要这样向员工解释：“虽然我们只是一家小公司，但不管是工资，还是待遇都想尽可能高地满足大家的要求。因此，也就需要尽量扩大公司规模，强化公司的财务实力。为此，我准备按照这样的方式继续推动公司的发展，因此我请求大家为了实现公司的这个目标，与我共同携手奋斗。至于具体计划，就由我们大家一起来共同制定。”

我在这里可以回顾一下当年我 27 岁创办自己公司时的情景。那个时候，我向公司的员工们描绘了自己心中的远大梦想：“虽然我们现在只是一家微不足道的陶瓷生产厂，但是我们可以努力把京瓷发展壮大为京都市中京区西之京原町的最大企业。等到我们成为西京原町最大的企业后，再努力成为京都市最大的企业。如果做到了京都市第一的话，还可以将目标定位为日本第一。等到我们公司成为日本第一后，我还想要让京瓷最终成为世界第一！”

在我为京瓷制定了这个常人几乎难以相信的目标后，我继续不放过任何机会向手下的员工们进行宣扬，最终使得大家都对我这个远大的目标产生认同感，从而激发了全体员工的工作积极性。

当年在京瓷什么都匮乏的时候，我却制定了一个让人觉得不可思议的宏伟目标，并且赢得了手下员工的关注和认同。我相信正是因为这样，才使得我手下的员工们能够不在意眼前那些暂时的个人得失。虽然我的目标最后确实得以实现，但是当我最初提出这个目标时，并非是因为我自己真的已经胸有成竹，有办法来实现这个目标，而完全是因为，当时的我也只有这么一个办法能够用来激励大家的工作积极性。

◆有的时候经营者也需要利用威权来领导手下员工

然而，即便企业的经营者制定出了远大的目标，并试图以此来激发士气，率领员工奋发向前，但是企业员工毕竟都属于工薪人员，就算他们心中的真实想法是要“尽量轻松快活”，这也是没有办法的事情。

因此，如果是像你们这样一个 30 人左右的公司，那么领导者就必须做到身先士卒，亲自投入到各项生产活动之中去。也就是说，要让公司员工看到你埋头苦干的身影，并向他们表示“想干的就跟我来，我不需要那种不能跟我一样勤奋工作的人”。我认为有的时候，企业的领导者必须采取像这样一种比较强势的做法来带动手下员工。

如果企业的领导者能够激发每个员工的工作积极性，使他们积极主动地投身到工作之中，这自然是再理想不过的事情，并且这也是作为领导者所能采用的最正确的一种管理方式。然而，经营者在实际经营管理中又切忌过于理想主义，有的时候必须自己以身作则，利用自身威权来推动下属员工与自己一道前进。

虽然你很年轻，但是我很容易就能感觉出你是一个非常聪明的人。因为任何真正的企业经营者都会感受到你刚才诉说的那些问题和矛盾，如果感受不到的话，那也就不是真正的经营者。

请你在今后进行公司的经营管理时再接再厉，通过在工作中做到率先垂范来提高自身人格品性，并最终学会如何发挥自身的领导能力。

终章

领导者的十项职责

怎样一种组织建设才能够促使员工在工作中充满活力？什么才是有助于激发下属工作积极性的正确领导方式？应该如何培养年轻员工？

不仅是企业的经营者，对于任何组织集体的领导者而言，都必定会在与组织运营和人才培养相关的问题上遭遇到各种各样的问题和烦恼。中国有句古语：“一人兴邦，一人丧邦”，上至一个国家，下至一家企业，任何组织的兴衰往往都取决于它们的领导者。想让一个组织充满活力，成为一个卓有成效的集体，首先其领导者就必须要将组织成员团结到一起，率领大家，为了组织的目的而共同奋斗。

本书在前面的章节中已经针对以上这些问题进行了探讨和论述。最后，我将总结一下我自身在迄今为止的经营实践中所一直奉行的“领导者的十项职责”理念，以此作为本书的结尾。

一、明确事业的目的和意义，并向部下明示

企业的领导者作为经营首脑，首先必须明确自身所领导事业的目的和意义，并且向部下明示这些目的和意义，尽一切可能取得他们的认同，从而获取众人的鼎力协助。

在企业领导者当中，或许有些人把兴办事业的目的和意义看作是“赚钱”。企业要想获得发展，利润的获取的确必不可少，但是企业领导者在兴办事业时，不仅要兼顾社会意义，同时还必须注意发挥人的能动性。因此，我认为，一项事业的目的和意义必须是一种大义名分，是一种超越一般层次的存在，能够让不管是领导者，还是下属员工，都能感受到自身是在“为了一个崇高目的而工作”。

京瓷的经营理念是：在追求全体员工物质与精神两方面幸福的同时，为人类和社会的进步与发展作出贡献。我就是通过揭示像这样一种高层次的、能够获得所有人认同的企业目的，并向企业员工提出“让我们共同实现这个理念”的号召，才得以与京瓷的全体员工团结一心、共同奋斗至今。并且也正是因为这个企业目的，才成功赢得了京瓷员工的一致认同，并为

此而勤奋工作。这才有了京瓷的今天。

因此，当作为一名领导者率领一个组织时，明确自身事业的目的和意义，并赢得组织成员对此的认同就显得极其重要。

二、揭示具体目标，与下属共同制订相应计划

领导者在明确事业的目的和意义，并且与部下取得共识之后，接下来就需要确立具体目标，制订相应的计划。在制定目标和计划的过程中，领导者必须居于核心地位，广泛听取下属意见，做到集思广益。这样做的目的是为了让组织成员在目标和计划的制定阶段就参与其中，从而让他们拥有“这是我们大家共同制订的计划”的意识。也就是说，要让组织成员具备积极参与组织经营活动的自主意识，这一点至关重要。

然而，当需要开创一项新的事业或者捕捉到一个巨大商机时，领导者又有必要迅速果断地担负起责任，主导制定新的日标。这个时候，领导者不仅要制定未来目标，同时还必须找出实现这个目标的有效方法和途径。与此同时，还必须向下属揭示说明制定这个目标的理由、领导者自身对于这个目标的认识和想法，以及具体的实施方法和途径。领导者在这个过程中，

必须与下属展开彻底的沟通，以期获得他们的真心认同，使得自己的下属能够为了目标的实现而共同奋斗。

我自己为了在实践中做到这一点，会在每天的早会、其他各种会议，以及内部联谊聚餐的时候，寻找一切机会，尽一切可能向企业员工解释清楚“为什么需要实现这个目标”，“如何才能实现这个目标”。特别是在联谊聚餐会的时候，作为领导者很重要的一点就是要能够与下属在酒桌上敞开心扉、坦诚沟通。只有当下属员工的工作热情上升到与领导者相同的层次时，才真正有可能做到团结一切力量实现企业的最终目标。

三、心中要保持强烈的意愿

我的经营实践的根基是建立在“愿则成”这个信念之上。我之所以会意识到这一点，完全是源自于我在许多年前的一次亲身体验。

在我创建京瓷之初，一次有幸在京都出席了一场松下幸之助先生的演讲会。在会上，他介绍了著名的“水库式经营”的理念，也就是说“企业应该在经营状态良好的时候像是在水库中蓄满水一样保证充裕的内部资金留存，以便不时之需”。在演讲结束后，有一名听众提问道：“水库式经营的理念虽然完美，但是那些根本就无法确保充足资金的企业又该如何是好?”这个问题让幸之助先生稍微一愣，然后他回答说：“你自己首先得要有‘企业必须保证充裕资金’的想法才成。”这个回答等于什么都没有说，于是引发了会场听众的爆笑。然而幸之助先生的这一番话却让我心头为之一震：“经营者首先得具备确保企业资金充裕的强烈愿望，然后才谈得上其他。”幸之助先生的这个回答让我意识到了“以渗透到潜意识的强烈、持续愿望和热情实现自己树立的目标”的重要性。

领导者必须首先确保自身强烈的意愿，然后再将这种强烈的意愿传递给所有下属成员，这才有助于既定目标的实现。

四、付出不亚于任何人的努力

领导者是一个部门的代表，也是一个企业的代表。领导者必须通过自身的勤勉，来感染激发手下员工像自己一样对待本职工作。领导者的一个重要职责就是必须率先垂范，向全体组织成员展示自身勤奋的工作姿态，并以此带领员工，统率整个团队集体。

在盛和塾这种聚集着众多企业经营者的地方，每当我向大家询问“你对于工作是否努力”时，众人的回答都是“我已经尽了全力在努力工作”。然而，我这里所指的，是超于常人的那种努力。在现实中，即便我们认为自己已经非常努力了，但是如果我们的竞争对手付出的努力在我们之上，那么我们最终还是会在竞争中失败，自己之前已经付出的努力也将全部化为泡影。所以，领导者必须在工作中付出无人能及的努力，也就是说，必须付出不输给任何其他人的努力才行。也许这意味着难以承受的辛劳，但是要想获得成功，作为领导者就只此一种选择。

英国哲学家詹姆斯·艾伦（James Allen，1864—1912）曾经说过这么一段话：

“一个人如果想要获得成功，就必须付出与之相应的自我牺牲。如果期望的是较大的成功，就需要付出较大的自我牺牲。如果还想取得更大的成功的话，那就意味着更大的自我牺牲。”

当我们想要获得事业的成功时，就必须牺牲掉自己的各种休闲喜好，也即我们的个人欲望。这样的自我牺牲是我们获得事业成功的必不可少的代价。如果一个领导者能够为了集体成员的幸福，不断付出超于常人的努力，那么他就必然能够赢得所有集体成员的拥戴和追随。

五、具备坚强的意志

领导者必须具备坚强的意志。如果一个组织的领导者缺乏坚强的意志，则将会给这个组织带来灾难性的后果。

在变化莫测的商海中，企业随时都有可能遭遇到各种难以预料的事态和状况。在这种时候，企业的领导者如果缺乏坚强的意志，就有可能轻易变动企业目标。这种做法将会导致企业的既定目标变得有名无实，并进而损害到企业员工对领导者的信赖和尊敬。因此能够矢志不渝地坚守既定目标的坚强意志，也就成为企业领导者所必需的一个重要资质。

六、杰出的人格

领导者必须具备杰出的人格，或者能够充分认识到具备杰出人格的重要性，并为此不断努力，以期实现自身人格的提升。作为领导者，非常重要的一点是，即便自身人格在当下还存在着一定的问题，但是必须具备努力提升自我人格的坚定意愿和行动。

所谓“杰出的人格”，并非仅是指拥有高尚的哲学观，而是必须同时还能够坚持诸如“诚实待人”、“不说谎”、“正直”、“不贪婪”等最基本的伦理观。如果一个人能够随时随地以此警示自己，并努力付诸实际行动的话，自然就能够实现自我人格的升华。

七、不管遭遇任何困难也绝不放弃

我认为，领导者必须由那种不管遭遇任何困难都不会投降、而是将“永不放弃”作为自身信条的人来担当。

在进行商业活动时，随时都有可能遭遇到突如其来的困难和挑战。因此，领导者如果习惯轻易放弃，那么就不足以成就任何事业。我经常喜欢使用“熊熊燃烧的斗志”这个词，要想战胜各种各样的困难，让自己的企业获得发展，领导者就必须拥有像角斗士一样的好胜心，凭借自身熊熊燃烧的斗志来统率整个企业。因此我才坚信，领导者必须要由那种不管遭遇任何困难也绝不放弃、拥有不屈斗志的人来担当。

八、对待下属要有关爱之心

领导者必须时刻将下属的利益和幸福放在心间，能够怀揣爱心，出于协助下属获得成长的愿望对他们进行指导。我这里所说的“怀揣爱心”并非是指那种长辈对于孩子的溺爱，而是指那种同时具备了体贴关怀和严格要求两方面的爱心。

领导者为了实现培养下属的目的，就应该将源自于自身经验的知识与技能毫无保留地予以传授。如果能够做到这一点，那么当自己的下属在工作中出现问题、有所欠缺时，领导者自然也就可以毫无顾虑地立即指出，严加叱责。不管领导者的态度如何严厉，只要本意是出自希望下属获得成长进步的善意和爱心，下属就必然能够理解和接受领导者的这种严厉态度。

领导者为了迎合下属而故作宽容的做法并无助于下属的成长和进步。当领导者缺乏严格要求部下的勇气、只会一味讨好放纵自己的下属时，这只会妨碍下属的成长，并进而危及企业本身。在需要对下属进行严格要求时，能够做到铁石心肠，这才是作为领导者对下属的真正爱心的体现。

但是，在自己的下属遇到困难、遭遇不幸时，领导者又必须怀着关爱之心，尽全力给予帮助和支持。即便心中怀有善意和爱心，但是仅仅只会表面上严厉对待下属的领导者照样无法赢得部下的拥戴和人心。

只要领导者本着善意和关爱之心进行指导和培养，其下属就必定能够获得成长和进步，并且在这个过程当中，不仅是下属，领导者本身也会因此而获得同样的升华。

九、不断激励下属士气

领导者要能够做到不断鼓舞下属员工的士气，激发他们的工作积极性。要想创造一个充满激情、不断进取的集体，就需要让所有成员都能够对工作怀有高度的热情。

领导者要努力创造一个有利于下属员工进行工作的良好环境。当员工遇到困难时，能够给予长辈一般的关心和建议。在下属完成预定计划或者实现重大业绩时，领导者不应吝啬褒奖之词。对于员工的优点，同样也要予以应有的肯定。领导者就是要通过这些方式来制造出一种有助于下属员工积极主动地投身于工作之中的整体氛围。

在领导一个组织时，领导者必须要能够读懂组织成员的心。如果缺乏能够赢得下属共鸣和感动的细心与体贴，就不足以成为一名杰出的领导者。

十、永远保持创造性

在当前这种激烈的竞争环境下，企业如果想要确保生存、不断发展，就必须不断开拓新的产品、新的技术和新的市场。领导者如果无法保持对新事物的旺盛追求、不断向自身组织引入创造活力的话，那么这个组织也就无法确保进步与发展。事实上，那些容易满足的领导者所带领的组织最终都难以避免衰败的命运。

这里所说的创造性，并非是指单纯的、仅靠一时灵感所获得的结果，而是指在经过深刻痛苦地深思熟虑之后所获得的答案。所以，企业的领导者绝对不能满足现状，而是应该不断思考推敲“这么做是否正确”、“是不是还有更好的方法”。每时每刻都要全力以赴追求哪怕微小的进步。领导者通过这种认真和努力，最终必将能够获得具有创造性的成果。

尽管要同时做到以上十点存在着一定的难度，但是作为企业的领导者，重要的是要时刻把这十项职责牢记心头，并努力付诸实现，因为企业经营者的这种努力成为一名杰出领导者的姿态本身，就正是对手下员工最好的教育。

我衷心希望，任何组织的领导者，都能够准确理解以上十点的含义，努力提升自身层次，并最终成长为一名杰出的领导者。

延伸阅读

《思维方式》

所谓“思维方式”就是我们所持有的思想、哲学，或称为理念、信念也可用人生观、人格表示，也可称为“人生态度”。稻盛和夫坚持作为人应该有正面的“思维方式”的哲学，从而追求人的无限的可能性。

《稻盛和夫的哲学》

稻盛和夫思想的具体呈现。用浅显易懂的语言，从心智、欲望等多个维度深入探讨了“人为什么活着”这一哲学基本命题，并由此展现作者深刻的人生与经营智慧。

《心法之肆：提高心性 拓展经营》

稻盛和夫的处女作，回顾了在50 年的经营管理过程中，所经历的种种困难和获得的经验教训，综合阐述了其哲学思想。最终提出了“提高心性拓展经营”是人生和事业的追求。

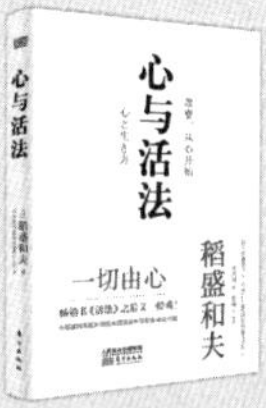

《心与活法》

稻盛和夫用丰富的人生和企业经营经历阐释何谓“心态决定命运”。全书分为三部分：度过美好人生，心与经营，人生哲学是我的精神支柱。强调心态一改天地宽，改变心态不仅可以重塑自己，也可以决定事态的发展。领导人必读。

《日航的奇迹》

稻盛和夫亲自推荐。在稻盛和夫身边做了二十几年秘书的大田嘉仁执笔，真实记录了日航重建的全过程，阐释出了其中蕴含的经营与人生的真谛。更是给广大读者展示了一个稻盛哲学践行的鲜活案例。

《稻盛和夫自传》

稻盛和夫亲笔撰写的唯一传记。由曹寓刚和曹岫云共同全新翻译。全书以稻盛和夫的人生经历完整再现稻盛哲学，思维方式决定人生，京瓷阿米巴的生成路径。

延伸阅读

《心法之贰：燃烧的斗魂》

“燃烧的战魂”是稻盛先生一直提倡的“经营十二条”中的第8 条。他在书中探究了“人心究竟拥有多么强大的力量”，也就是人生应有的状态。

《创造高收益》

实现高收益是所有企业家的梦想。稻盛和夫通过经营问答，阐述了一套有效实现高收益的经营方法，而且这一高收益是高于10%。

《京瓷哲学：人生与经营的原点》

本书是稻盛和夫的“想法”和“活法”的原点，汇集了其八十多年来的经营活动和人生旅程的精华。

《稻盛开讲6：企业摆脱经济危机的五大方略》

本书以美国爆发的“次贷危机”为切入点，谈到了企业家在经营活动中应该采取的方式方法与处世态度，以及在面对经济低迷时应该采取的对策方略。

《创造京瓷的男人：稻盛和夫》

全方位呈现稻盛和夫的成长和创业之路，是一本“人性之书”。

《阿米巴经营导入手册》

以引进阿米巴经营的三家企业为例，阐释何谓阿米巴经营、该如何引进和运用、导入前后发生的何种变化，清楚勾勒出阿米巴经营导入的路径。

图书在版编目（CIP）数据

稻盛和夫的实学. 活用人才 / (日) 稻盛和夫 著；喻海翔 译. — 北京：东方出版社，2013.3
ISBN 978-7-5060-6158-2

Ⅰ.①稻… Ⅱ.①稻… ②喻… Ⅲ.①陶瓷工业—工业企业管理—人才管理—经验—日本—现代 Ⅳ.①F431.367

中国版本图书馆CIP数据核字（2013）第058249号

稻盛和夫的实学：活用人才
（DAOSHENGHEFU DE SHIXUE:HUOYONG RENCAI）

作　　者：［日］稻盛和夫
译　　者：喻海翔
责任编辑：贺　方
出　　版：东方出版社
发　　行：人民东方出版传媒有限公司
地　　址：北京市西城区北三环中路6号
邮　　编：100120
印　　刷：北京文昌阁彩色印刷有限责任公司
版　　次：2013年6月第1版
印　　次：2022年4月第17次印刷
印　　数：85001—88000册
开　　本：880毫米×1230毫米　1/32
印　　张：7.25
字　　数：131千字
书　　号：ISBN 978-7-5060-6158-2
定　　价：39.00元
发行电话：（010）85924663　85924644　85924641